岩波文庫
33-321-2

一遍聖絵

聖戒編
大橋俊雄校注

岩波書店

凡　例

一、本書は、一遍聖の伝記および思想を知ろうとする人のため、一遍聖の歿後十年、正安元年（一二九九）成立した、最も神格化の少ない『一遍聖絵（ひじりえ）』を手軽で読みやすいものとして、提供したものである。

二、本書の本文は、かつて六条道場本と称した、現に藤沢清浄光寺（しょうじょうこうじ）（通称遊行寺（ゆぎょうじ））・京都歓喜光寺（かんきこうじ）共有の『一遍聖絵』を底本として用いたが、底本に欠失し不明な個所は□として示し、新善光寺本および流布本により、つとめて補った。

三、文庫本にするにあたり、次のような整理を施した。

㈠、漢字は新字体を使用し、漢字・仮名の古体・略体などは、通行の字体に改め、「穐（こう）」は「秋」、「秊」は「年」、「云と」は「云々」とした。

㈡、読解に資するため、適宜、句読点を施し、改行を行ない、読みがなを付し、また

㈢、引用文や問答には「」を付し、可能なかぎり脚注をつけた。
㈣、底本中における漢文のあとに、〔 〕で括って訓下し文を掲げた。
㈤、底本に誤字のあるとき、それが明らかであれば改め、その旨を脚注に示し、明らかに脱字があるときは（ ）で補った。
㈥、訓下しの清濁については、校注者の見解をもととした。

目次

凡　例 .... 三

一遍聖絵

　第一 .... 七
　第二 .... 一三
　第三 .... 三三
　第四 .... 三一
　第五 .... 四七
　第六 .... 五七
　第七 .... 六九

第八 ……………………… 八五

第九 ……………………… 九六

第十 ……………………… 一〇九

第十一 …………………… 一二二

第十二 …………………… 一三三

解説 ……………………… 一四五

一遍聖絵 第一

一遍ひじりは、俗姓は越智氏、河野四郎通信が孫、同七郎通広(出家して如仏と号す)が子なり。延応元年己亥予州にして誕生。十歳にして悲母にをくれて、始て無常の理をさとり給ぬ。つゐに父の命をうけ、出家をとげて、法名は随縁と申けるが、建長三年の春十三歳にて、僧善入とあひ具して鎮西に修行し、太宰府の聖達上人の禅室にのぞみ給ふ。

上人学問のためならば、浄土の章䟽文字よみをしてきたるべきよし、示し給によりて、ひとり出て肥前国清水の華台上人の御もとにまうで給き。

上人あひ見て、「いづれの処の人、なにのゆへにきたれる

越智氏 河野氏は伊予国の名族。その先は越智郡の越智氏という。
河野四郎通信 源平争乱のおり、源氏方につき功があったが、承久の変後奥州江刺に流罪となり、貞応一年(一二二二)五月歿した。
太宰府 福岡県太宰府市、聖達の住地は市内大字原付近。
聖達 証空の弟子。
禅室 原文は「禅定」。
肥前国清水 福岡県鞍手郡若宮清水。
華台 証空の弟子で、聖達とは同門。

「ぞ」、と問給に、事のおもむきくはしくこたへ申されければ、処の上人、「さては昔の同朋の弟子にこそ、往事いまだわすれず、旧好いとむつまじ、さらばこの処に居住あるべし」とて、名字を問給に、随縁と申よし答申給に、「随縁雑善恐難生〔随縁の雑善は恐らく生じ難し〕といふ文あり、しかるべからず」とて、智真とあらため給き。

さて彼の門下につかへて、一両年研精修学し給ふ。天性聡明にして、幼敏ともがらにすぎたり。上人器骨をかゞみ、意気を察して、「法機のものに侍り、はやく浄教の秘蹟をさづけらるべし」とて、十六歳の春、又聖達上人の御もとに、をくりつかはされ給けり。

〔第二段〕

建長四年の春のころより、聖達上人に随逐給仕し給へり。首

昔の同朋の弟子 一遍聖の父河野通広も、証空の弟子で、聖達・華台と相弟子であったの意。

随縁……難生 善導者『法事讃』(巻下)に「極楽無為涅槃界、随縁雑善恐難生」とある。

尾十二年、浄土の教門を学し、真宗の奥義をうけ給し程に、弘長三年癸亥五月廿四日父如仏帰寂の時、本国にかへり給ぬ。
　そのゝち、或は真門をひらきて勤行をいたし、或は俗塵にまじはりて恩愛をかへりみ、童子にたはぶれて、輪鼓をまはすあそびなどもし給き。ある時、此輪鼓地におちてまはりやみぬ。これを思惟するに、「まはせばまはる、まはさゞればまはず、われらが輪廻も又かくのごとし。三業の造作によりて、六道の輪廻たゆる事なし。自業もしとゞまらば、何をもてか流転せむ。こゝにはじめて、心にあたて生死のことはりを思ひしり、仏法のむねをえたりき」とかたり給き。
　夫真俗二諦は相依の法、邪正一如は実業のことはりなれども、「在家にして精進ならんよりは、山林にしてねぶらむにはしかじ」と仏もをしへ給へり。又、「聖としかとは、里にひさしくありては難にあふ」といへる風情も、おもひあはせらるゝ

真宗　浄土宗の意。

俗塵　世間のけがれた事がら。

輪鼓　鼓の胴のようにまん中のくびれた部分に緒を巻きつけ、空中でまわして遊ぶ具で、独楽(こま)の一種。

恩愛　肉親間の愛情。

三業　原文は「三実」。身口意(心)のはたらき。

真俗二諦　真諦と俗諦。仏道修行と世俗の生活。

邪正一如　善悪の差別はない。

事侍り。「しかじ、恩愛をすてゝ無為にいらんには。たゞし、いま一度師匠に対面のこゝろざしあり」とて、太宰府へおもむき給ふあひだに、*聖戒も出家をとげて、あひしたがひたてまつりき。

彼輪鼓の時、夢に見給へる□、
世をわたりそめて高ねのそら の雲
たゆるはもと のこゝろなり けり

聖戒 『聖絵』には一遍聖との関係は明示していないが、異母弟であったらしい。

〔第三段〕

文永八年の春、ひじり善光寺に参詣し給ふ。この如来は、天竺の霊像として 日域 の本尊 となり給へり。酬因の来迎を 示し て影向を東 土 の境にたれ、有縁の帰依をあらためて、霊場を信州のうちにしめ給ふ。一光三尊の宿縁 如来の密意 を表し、決定往生の勝地、給他方の 浄域に超たり。 誠に三国伝来奇特言

善光寺 長野市箱清水にあり、浄土教の霊地で、本尊は三国伝来の一光三尊像、中尊は阿弥陀如来。

語みち[たえ]、五濁能度たゞ本誓思量ながくつきぬ。「いま[宿縁]あさからざるによりて、たま〴〵あひたてまつる事を得たり」とて、参籠日数をかさねて下向したまへり。この時己証の法門を顕し、二河の本尊を図[したまへりき]。

【第四段】

同年秋のころ、予州窪寺といふところに、青苔緑蘿の幽地をうちはらひ、松門柴戸の閑室をかまへ、東壁にこの二河の本尊をかけ、交衆をとどめて、ひとり経行し、万事をなげすてゝ、もはら称名す。四儀の勤行さはりなく、三とせの春秋ををくりむかへ給ふ。彼の時、己心領解の法門とて、七言の頌をつくりて、本尊のかたはらのかきにかけ給へり。其詞云、

十劫正覚衆生界　一念往生弥陀国
十一不二証無生　国界平等坐大会

五濁能度　けがれに満ちている世に苦しむ人たちを救う。

二河の本尊　唐善導著『観経疏』散善義に記された二河白道の思想を図にして本尊としたもの。

窪寺　愛媛県松山市窪野にあった寺。

四儀　行住坐臥。

己心領解　自ら悟る。

〔十劫に正覚す衆生界、一念に往生す弥陀の国、十と一とは不二にして無生を証し、国と界とは平等にして大会に坐す〕

この頌のおもむき義理をつくして、より〳〵示誨をかうぶりき。さて此別行結願の後は、ながく境界を厭離し、すみやかに万事を放下して、身命を法界につくし、衆生を利益せんとおもひたち給ふ。

一遍聖絵 第二

文永十年癸酉七月に、予州浮穴郡に菅生の岩屋というところに参籠し給。このところは観音影現の霊地、仙人練行の古跡なり。昔仏法いまだひろまらざりしころ、安芸国の住人狩猟のためにこの山にきたりて、 しのぎ にのぼりてかせぎをまつに、 ある 夜朽木の侍に弓をあてゝはりてけり。 そのゝ ちこの木よもすがら光をはなつ。ひるになりてこれをみるに、うへは古木なり。青苔ところ／＼にむして、そのかたちたしかならず。中に金なる物あり。すがた人にゝたり。 この猟師仏菩薩の名躰いまだ 見きかざり けるが、自然発得して観音なりといふ事をしりぬ。帰依の心たちまちにおこりて、もつところの梓弓を棟梁と

菅生の岩屋　愛媛県上浮穴郡美川村七鳥所在の岩屋寺。

し、きるところの菅簔をうはぶきとして、草舎をつくりて安置したてまつりぬ。

そのゝち両三年をへだてゝ、又この地に 帰 りて、おはし□てありし処をもとむるに、 堂宇 おちやぶれて跡形もみえず。峰にのぼり谷にくだりてたづねありくに、草 ふかくしてあやしき処あり。たちよりてみれば、ありし簔のすげおひし（げ）り*□に本尊赫奕として おはしましければ、うれ しくおぼえて、かさねて精舎をかまへ、 荘厳 をいたして菅生寺と号 し、帰依のこゝろざしをふかくす。「われこの処の守護神となるべし」とちかひて、野口の明神といはゝれて、いま現在せり。

「其中」か。

かくて星 霜をし うつりてのち、用明天皇の御宇、 震旦 の朝使きたりて、隋文帝のきさき懐胎のあひだ、霊瑞ありとて、三種宝物 戒定恵筥・錫杖 をこの観音にたてまつれり。彼の朝使、すなはち此処にとゞまりて、又鎮守とならむとて、白山大明神とあらは

さて、堂の南にいはゝれ給へり。

其後、この御堂に廂をさしそへたりけるほどに、炎上の事ありけるに、本堂はやけずして、後の廂ばかり焼にけり。其後、又回禄あり。堂舎ことごとく灰燼となるに、本尊ならびに三種宝物はともにとびいで給て、まへなる桜の木にのぼり給へり。又、次に炎上ありけるに、本尊は又とびいで給て、同木にましします。御堂は焼にけり。三種宝物は灰燼の中にのこりて、やけたる物ともみえず。鐘・錫杖のひゞき、昔にかはる事なかりけり。此桜木は、本尊出現し給し時の朽木の、ふたゝび生出で枝さし化さける木なりければ、仏法最初の伽藍、霊験希有の本尊なり。

仙人は又土佐国の女人なり。観音の効験をあふぎて、この巌窟にこもり、五障の女身を厭離して一乗妙典を読誦しけるが、法華三昧成就して飛行自在の依身をえたり。或時は普

五障 修行の上での五つの障り（煩悩障・業障・生障・法障・所知障）。

賢・文殊来現し、或時は地蔵・弥勒影護し給ふによりて、彼の影現尊にしたがひて、をのをの其所の名をあらはせり。又、四十九院の岩屋あり、父母のために極楽を現じ給へる跡あり。三十三所の霊崛あり、斗藪の行者霊験をいのる砌なり。

凡奇巌怪石の連峰にそばだてる、月、法身常住のすがたをみがき、陰条陽葉の幽洞にしげれる、風、妙理恒説の韻をしらぶ。焼香供華のよそをひ、読誦経典の声、有縁の道人はいまなを見聞し侍なり。仙人利生のために、遺骨をとどめ給。一字の精舎をたてゝ、万人の良縁をむすばしむ。

其所に又一の堂舎あり、高野大師御作の不動尊を安置したてまつる。すなはち大師練行の古跡、瑜伽薫修の炉壇ならびに御作の影像すがたをかへずして、此地になをのこれり。

聖此地に参籠して遁世の素意をいのり給。霊夢しきりに示し

勝絶之趣記、伝記雖、紛失「古老相伝之」

之地故、上人発心

斗藪　振り払う。執着を捨てる。

高野大師　弘法大師空海。

瑜伽薫修の炉壇　護摩を焚き、手に印を結び、口に真言を誦し、意に本尊を念じて、仏と一体になりたいとして修行する炉壇。

岩屋寺に参籠する一遍聖と聖戒

て感応これあらたなり。この時、聖戒ばかり随逐したてまつりて、閼伽をくみて閑谷の月をになひ給へば、つま木をたづねて暮山の雲をひろひなどして行化をたすけたてまつる。

さて経教を亀鏡として真宗の口決をさづけ、明王を証誠として同時の正覚をちぎり給き。<small>委細間略之</small>

それより出給ての後、ながく舎宅田園をなげすて、恩愛眷属をはなれて、堂舎をば法界の三宝に施与し、本尊・聖教は附属をうけたてまつりき。わづかに詮要の経教をえらびとゝのへさせて、修行随身の支具となされ侍き。

〔第二段〕

同十一年<small>甲戌</small>二月八日、同行三人あひ具して与州をいで給ふ。<small>超一・超二・念仏房、此三人発聖戒五六ヶ日をくりたてまつりしに、因縁雖レ有二奇特一恐レ繁略レ之</small>同国桜井※といふ所より、同生を花開の暁に期し、再会を終焉の

桜井　愛媛県今治市桜井。

夕にかぎりたてまつりて、いとまを申侍き。むかし、陳雷が膠漆のちぎりをむすびし、最後たがふことなかりき。いま師弟の現当の約をなす、本懐あにむなしからむや。「臨終の時はかならずめぐりあふべし」とて名号かきてたまひ、十念さづけなどし給ふ。後会を西土の月に期（す）といへども、離憂を南浮の雲にしのびがたければ、悲涙をゝさへて東西にわかれ侍りぬ。

〔第三段〕
やがて、そのとし天王寺に参籠し給けり。この伽藍は釈迦如来転法輪の古跡、極楽東門中心の勝地なり。五十余代の帝王尊崇あらたまらず。六百余廻の道場星霜ふりたりといへども、雁塔いらかくちずして、露盤ひかりかゞやき、亀井ながれひさしくして、法水たゆる事なし。御手印の縁起云、「若擎一香一華恭敬供養、若以一塊一塵拋入此場、遥聞寺名遠見拝恭、如斯

陳雷が膠漆のちぎり 後漢の人陳重と頼（雷）義が結んだ固い友情。

南浮 南閻浮提の略。四大州の一で、須弥山の南方にあたる。

天王寺 大阪市天王寺区所在の四天王寺、聖徳太子の建立。

御手印の縁起 寛弘四年（一〇〇七）八月一日四天王寺金堂内の六重小塔から発見されたものといい、『四天王寺御手印縁起』が具名（国宝）。

等者結一浄土縁々」〔云〕。〔若し一香一華を擎げ、恭敬供養し、若し一塊一塵をもつて、此の場に拋入す。遥かに寺名を聞き、遠くに拝恭するに、斯くの如き等のもの、一浄土の縁を結ぶ〕

かるがゆへに、*このみぎりにして信心まことをいたし、発願かたくむすびて*十種の制文をおさめて、如来の禁戒をうけ、一遍の念仏をす>めて衆生を済度しはじめたまひけり。

〔第四段〕

天王寺より*高野山にまいり給へり。この山はみね*五智を表し、やま*八葉にわかれて、両部を一山につゞめ、不二を一心にしめす。かるがゆへに、弘法大師帰朝のゝち、猟者のをしへにより三鈷の霊瑞を翠松の梢にたづね、五輪の即躰を緑苔の洞にとゞめ給へり。

凡願力によりて依身をとゞむること、天竺には迦葉尊者、は

十種の制文　十戒の厳守を誓った文。

高野山　和歌山県伊都郡高野町に所在、弘仁七年(八一六)空海は嵯峨天皇の許しを得、金剛峯寺を建立。

五智　大日如来の五つの智恵(法界体性智・大円鏡智・平等性智・妙観察智・成所作智)

八葉　峰の内外に八葉あるといふ、大日如来の蓮華蔵世界になぞらへ、内八葉・外八葉の蓮峰に囲まれているという。

両部　金剛界・胎蔵界。

21　第　二

四天王寺の西門で初めて念仏札を賦(くば)る

るかに*鶏足附受の暁を期し、日域には弘法大師、まさに竜華下生の春をまち給ふ。又、六字名号の印板をとゞめて五濁常没の本尊とし給へり。これによりて彼三地薩埵の垂迹の地をとぶらひ、*九品浄土同生の縁をむすばむために、はるかにわけいりたまひけるにこそ。

鶏足 中インド・マガダ国にある鶏足山。摩訶迦葉はこの山中で入定した。

九品浄土 極楽浄土。

一遍聖絵 第三

　文永十一年のなつ、高野山を過て熊野へ参詣し給ふ。山海千重の雲路をしのぎて、岩田河のながれに衣の袖をすゝぎ、王子数所の礼拝をいたして、*発心門のみぎはにこゝろのとざしをひらき給。藤代・岩代の叢祠には垂跡の露たまをみがき、本宮新宮の社壇には和光の月かゞみをかけたり。
　古栢老松のかげたへたる、殷水のなみ声をゆづり、錦徹玉皇のかざりをそへたる巫山の雲、いろをうつす。就中、発遣の釈迦は降魔の明王とともに東にいで、来迎の弥陀は引接の薩埵をともなひてにしにあらはれ給へり。こゝに一人の僧あり。聖すゝめての給はく、「一念の信をおこして南無阿弥陀仏ととな

熊野　和歌山県東牟婁郡本宮町所在の熊野坐神社（熊野本宮大社）。

王子数所　熊野路には往昔九十九王子があり、熊野権現遥拝所がおかれた。

発心門　九十九王子の一、発心門王子をいい、本宮の入口。

藤代・岩代　九十九王子の一。

新宮　和歌山県新宮市新宮所在の熊野速玉神社。

発遣の釈迦　人びとに住生せよと勧める釈迦如来。

降魔の明王　悪魔を降伏させる不動明王。

来迎の弥陀　浄土から迎えに来られる阿弥陀如来。

へて、このふだをうけ給べし」と。僧云、「いま一念の信心おこり侍らず、うけば妄語なるべし」とてうけず。ひじりの給はく、「仏教を信ずる心おはしまさずや、などかうけ給はざるべき」。僧云、「経教をうたがはずといへども、信心のおこらざる事はちからをよばざる事なり」と。

時にそこばくの道者あつまれり。此僧、もしうけずばみなうくまじきにて侍りければ、本意にあらずながら、「信心おこらずとんうけ給へ」とて、僧に札をわたし給けり。これをみて道者みなこと〴〵くうけ侍りぬ。僧はゆくかたをしらず。

この事思惟するに、ゆへなきにあらず。勧進のおもむき、冥慮をあふぐべしと思給て、本宮証誠殿*の御前にして願意を祈請し、目をとぢていまだまどろまざるに、御殿の御戸をおしひらきて、白髪なる山臥の長頭巾かけて出給ふ。長床には山臥三百人ばかり首を地につけて礼敬したてまつる。この時、「権現に

おこらずとんうけ給へ」「おこらずもうけ給へ」か。

証誠殿　熊野本宮の本殿で、本宮をいい、祭神は家津御子神、本地は阿弥陀如来とする信仰があった。

ておはしましけるよ」と思給て、信仰し、いりてておはしけるに、かの山臥、聖のまへにあゆみより給ての給はく、「*融通念仏すゝむる聖、いかに念仏をばあしくすゝめらるゝぞ。御房のすゝめによりて一切衆生はじめて往生すべきにあらず。阿弥陀仏の十劫正覚に、一切衆生の往生は南無阿弥陀仏と必定するところ也。信不信をえらばず、浄不浄をきらはず、その札をくばるべし」としめし給ふ。後に目をひらきてみ給ければ、十二三ばかりなる童子百人ばかり来りて、手をさゝげて、「その念仏うけむ」といひて、札をとりて「南無阿弥陀仏」と申ていづちともなくさりにけり。

凡融通念仏は、大原の良忍上人、夢定の中に阿弥陀仏の教勅をうけ給々、天治元年甲辰六月九日はじめおこなひ給ときに、鞍馬寺毘沙門天王をはじめたてまつりて、梵天・帝釈等*名帳に名をあらはしていり給けり。この童子も、王子達のうけ給ける

第　三　25

融通念仏　念仏が自他融通することで、一人の念仏が一切衆生の功徳となり、一切衆生の称える念仏はまた一人の功徳に帰す。

良忍上人　平安後期の僧。比叡山・園城寺・仁和寺で修学し、晩年洛北大原に来迎院を営み、融通念仏を創始した。

鞍馬寺　京都市左京区に所在し、往昔は王城守護の寺。本尊は毘沙門天。

毘沙門天王　多聞天ともいい、仏法を守護する四天王の一で、北方の守護神であるとともに、世人に福徳をあたえる神。

名帳　梵天・帝釈天等の諸天をはじめ信者の名を記した名簿。

にやとおもひあはせらるゝかたも侍べし。「大権現の神託をさづかりし後、いよいよ他力本願の深意を領解せり」とかたり給き。

〔第二段〕

同年六月十三日、新宮よりたよりにつけて消息を給事ありしに、「今はおもふやうありて同行等をもはなちすてつ。又念仏の形木くだしつかはす。結縁あるべきよし」などこまかにかき給へり。

其形木文云、「南無阿弥陀仏 決定往生 六十万人」此中に惣じて六八の弘誓を標して、一乗の機法をあかす、引導の機縁かならず六十万人にさだむる事は、仏力観成の要門は諸仏の大悲、ひとへに勤苦の衆生にほどこし、無上超世の本誓は如来の正覚、しかしながら常没の凡夫にとなへて三祇の起行功を衆生にゆづり、六字

形木 文字や図像などを彫りこんだ板。

六八の弘誓 『無量寿経』巻上に説かれている阿弥陀仏の四十八願。

常没の凡夫 ひたすら迷い苦悩している人。

第　三

の名号証を一念に成す。かるがゆえに、十劫の成道は凡聖の境界をつくし、万徳の円明なる事は報仏の果号よりあらはれて、頓教の一乗、十界を会して凡をこえ聖をこえ、一遍の称名法界に遍じて前なく後なく、有識含霊みなことごとく安楽の能人、無極の聖と成ずる。他力難思の密意をつたへて、一切衆生決定往生の記莂をさづくるものなり。

そもそも王宮密化のゆふべの風には、仏智を直に無善の凡夫にしめしめし、霊山大会の暁空には、開導をひとへに有学の阿難にゆづりて、平等二子の慈悲利益を万年にとどめ、本誓六字の名号無生を一声に証す。二尊の本懐あやまりなく、諸仏の証誠むなしからず。一称十念これをたづねて来迎し、五逆聞提願に乗じてみなゆく。巨石の船をえ、蚊虻の鳳につくがごとし。

聖頌云、

凡聖の境界　凡夫と聖者の区別。

万徳の円明　まどかにして明るい仏にそなわっているあらゆる徳。

十界　地獄・餓鬼・畜生・阿修羅・人・天の六道と、声聞・縁覚・菩薩・仏の四聖を合せたのが十界。

安楽の能人　阿弥陀仏を指す。

無極の聖　阿弥陀仏をいう。

霊山大会　霊鷲山（りょうじゅせん）での暁の大集会。

有学の阿難　有学はまだ学ぶべきもののある聖者、阿難は十大弟子の一人で、多聞第一と称せられる。

六字名号一遍法　　十界依正一遍躰

　万行離念一遍証　　人中上々妙好華

又云、

　六字之中　　本無生死

　一声之間　　即証無生

〔六字名号は一遍の法なり、十界の依正は一遍の躰なり、万行離念して一遍を証す、人中上々の妙好華なり。

六字の中、本生死なし、

一声の間、即ち無生を証る〕

　熊野をいで給て、京をめぐり西海道をへて、建治元年の秋のころ、本国にかえりいり給。「釈尊なを報身の恩を報ぜんために王城に住し、生身の恩を報ぜむためにおほく舎衛に住し給といへり。しかあれば、われまづ有縁の衆生を度せんために、いそぎ此の国にきたる」よしかたり給き。

王城　マガダ国王舎城。
舎衛　コーサラ国舎衛城。

その時三輩・九品の念仏の道場に管絃などして人々あそびた
はぶれ侍りしに、聖の哥云、

　つのくにやなにはものちのことのはは
　あしかりけりとおもひしるべし

〔第三段〕

　国中あまねく勧進していづちともなくいで給ぬ。次年又事の
ゆへありて、予州をとおり九国へわたり給て、聖達上人の禅室
におはしたりければ、なのめならず悦給て、わざと風炉結構
してたゞ両人いり給て、風炉の中にして仏法修行の物語し給け
るに、上人、「いかに十念をばすゝめずして、一遍をばすゝめ
給ぞ」とゝひ給ければ、十一不二の領解のおもむきくはしくの
べ給に、感歎し給て、「さらば我は百遍うけむ」とて、百遍う
け給けり。いよへいり給たりし時、このやうくはしくかたり給

三輩・九品　阿弥陀仏の浄土に往生する人びとを行ないの浅深により上輩・中輩・下輩に分けたのを三輩、浄土での階位を上中下の品位に分け、品位をさらに上生・中生・下生に類別して九品とする。

九国　九州。

いよ　伊予。

て、「いかにも智者は子細のある事なり」とぞ申され侍し。

一遍聖絵　第四

建治二年、筑前国にてある武士の屋形におはしたりければ、酒宴の最中にて侍りけるに、家主装束ことにひきつくろひ、手あらひ口すゝぎて、おりむかひて念仏うけて、又いふ事もなかりければ、聖は 去給 に、此俗のいふやう、「此僧は日本一の狂*気 「き」か。 なむぞのたふと気色ぞ*」、といひければ、客人惑のものかな、「さてはなにとして念仏をばうけ給ぞ」、と申せのありけるが、「念仏には狂惑なきゆへなり」とぞいひける。聖申されしは、「おほくの人にあひたりしかども、これぞ誠に念仏信じたるものとおぼえし。余人は、皆人を信じて法を信ずる事なきに、此俗は依法不依人のことはりをしりて、涅槃の禁戒に相叶へり。

狂惑　まやかし。

依法不依人　法にたより、特殊な人にたよってはならないの意。法とは人たるの道。『大智度論』巻九。

士の館で

第四　33

筑前国武

ありがたかりし事なり」とて返々ほめ給き。げにもよのつねの人にはかはりたりけるものにや。

[第二段]

九国修行の間は、ことに人の供養などもまれなりけり。春の霞あぢはひつきぬれば、無生を念じて永日を消し、夕の雲ころもたえぬれば、慚愧(ざんき)をかさねて寒夜をあかす。かくて念仏を勧進し給けるに、僧の行あひたりけるが、七条の袈裟のやぶれたるをたてまつれりけるを、腰にまとひて、只縁に随ひ足にまかせてす〻めありき給けり。山路に日くれぬれば、苔をはらひて露にふし、渓門に天あけぬれば、梢をわけて雲をふむ。

さて*大隅正八幡宮にまうで給けるに、御神のしめし給ける哥、

とことはにに南無阿弥陀仏ととなふれば
なもあみだぶにむまれこそすれ

*大隅正八幡宮　大隅国一宮。鹿児島県姶良郡隼人町に所在。

[第三段]

　すでに九州をまはりて四国へわたり給はむとし給ければ、大友兵庫頭頼泰帰依したてまつりて、衣などたてまつりけり。其所にしばらく逗留して、法門などあひ談じ給あひだ、他阿弥陀仏はじめて同行相親の契をむすびたてまつりぬ。惣じて同行七八人相ぐして、弘安元年夏の比与州へわたり、同秋、安芸の厳島へまいり給ぬ。

　同年の冬、又備前国藤井といふ所の政所におはして念仏すゝめ給けるに、家主は吉備津宮の神主が子息なりけるが、ほかへたがひたり。その妻女、聖をたとびて法門など聴聞し、にはかに発心して出家をとげにけり。聖は福岡の市といふ処にて念仏すゝめ給ほどに、彼の夫かへりきたりて、これを見侍りて、めもあやにおぼえて、事のよしをたづぬるに、女こたえていはく、

大友兵庫頭頼泰　相模国大友郷を本貫とし、大友能直は鎌倉初期豊後国守護となり、府中に居館を設け、のち豊前・筑後をも併せた。頼泰は能直の孫。

他阿弥陀仏　真教。人上人・大聖ともいい、時宗教団の大成者。

厳島　広島県佐伯郡宮島町に所在、安芸国一宮といい、祭神は宗像三神。

藤井　岡山県西大寺市藤井。

吉備津宮　備前国に吉備津彦神社・吉備津神社がある が、地理的にみると、一宮安仁神社（西大寺市藤井）に想定できる。

福岡　岡山県邑久郡長船町福岡。

と神主の息子

37 第四

福岡市

福岡の市での一遍聖

「たうときすてひじりのをはしつるが、念仏往生の様、出離生死の趣とかれつるを聴聞するに、誠にたふとくおぼえて、夢まぼろしの世の中に、あだなる露のすがたをかざりても、いつまでかあるべきなれば出家をしたる」よしをかたる。夫は無悪不造のものなりければ、大にいかりて、「件の法師原いづくにてもたづねいだして、せめころさむ」とて出けるが、福岡の市にて聖にたづねあひたてまつりぬ。大太刀わきにはさみて、聖のまへにちかづき侍りけるに、聖いまだ見給はざるものにむかひて、「汝は吉備津宮の神主の子息か」とたづねられけるに、忽に瞋恚やみ害心うせて、身の毛もよだちたふとくおぼへけるほどに、即本鳥をきりて、聖を知識として出家をとげにけり。彼の揚州の屠士が和尚を害せむとせし、九品を掌の中に拝して忽に捨身往生の瑞をあらはし、今、備州の勇士が上人を殺さむとする一念を言下にひるがへして、すなはち出家修行の道に

瞋恚　いかりにくむ。

本鳥　髻。髪を頂にたばねた所。

揚州の屠士......道にいる　この説話、慈雲遵式著『西方往生略伝』に見ゆ。

いる。古今の奇特ことなりといへども、機法の相感これおなじきものか。そのほか又、弥阿弥陀仏・相阿弥陀仏をはじめとして出家をとぐるもの惣じて二百八十余人侍りけり。

〔第四段〕

同二年の春比、みやこにのぼりて因幡堂に宿給けるに、寺僧の中より、「か様の修行者はこのところに止住の事いましめあり」とて、内陣にははいれたてまつらざりければ、縁に宿し給けり。その夜、彼堂の執行民部法橋覚順、夢に本尊のつげさせ給とおぼえて、「我れ大事の客人を得たり、もてなすべきよしをしめされける」とて、夜半ばかりに請じいれたてまつるにより、廊に宿給ぬ。

此本尊は、村上の天皇御宇天暦五年三月、橘行平夢想により て因幡国賀留の津にして、金色の浪の中より等身の薬師の像を

因幡堂 因幡薬師といい、京都市下京区烏丸松原東入因幡堂町に所在。

とりあげてまつる。行平在京の時、長保五年四月虚空をとびて王城に来給へり。其夜そらに声ありて告云、「高辻烏丸に仏生国薬師来化し給、結縁すべし」と云々。此像は則釈迦如来御自作の栴檀の像、天竺祇園精舎の療病院の本尊也。薬師と弥陀とは因位ちぎりふかくましますゆへに、八菩薩をもて道路を示し、東土の衆生をして西方の宝刹におくらむと願じ給へり。仍はるかに月氏の雲をいでゝ、日域の堺にうつり給ふ。聖化導の願楽を憐愍して霊夢をしめし給けるにや。

〔第五段〕

同年八月に因幡堂をいでゝ善光寺へおもむき給。道の間の日数自然に四十八日なり。

其年信濃国佐久郡伴野の市庭の在家にして歳末の別時のとき、紫雲はじめてたち侍りけり。

栴檀 香木の一種で、白・赤・紫の種類があり、芳香を発す。

祇園精舎 中インド舎衛城の南にあって、釈尊および僧たちの説法修道のため、須達長者（給孤独長者）の建立した寺。

八菩薩 文殊師利・観世音・得大勢至・無尽意・宝檀華・薬王・薬上・弥勒（義浄訳『七仏薬師経』）。

月氏 大月氏国。イラン系遊牧民族の国で、中国西域地方にあった。

伴野 長野県佐久市伴野。

歳末の別時 歳末に日数をかぎりおこなわれる、不断念仏。

抑をどり念仏は、空也上人或は市屋、或は四条の辻にて始行し給けり。彼詞云、「心無所縁随日暮止身無住所随夜暁去忍辱衣厚不痛杖木瓦石慈悲室深不聞罵詈誹謗信口称三昧市中是道場順声見仏息精即念珠夜々待迎朝々喜最後近任三業於天運譲四儀於菩提矣」(心に所縁なくば日暮るるに随つて止み、身に住する所なくば夜暁に随つて去る。忍辱の衣厚ければ杖木瓦石に痛からず。慈悲の室深ければ罵詈誹謗聞えず。口に信せて称する三昧なれば市中是れ道場。声に順つて仏を見れば息精は即ち念珠なり。夜々仏の来迎を待ち、朝々最後に近づくを喜ぶ。三業を天運に任せ、四儀を菩提に譲る)是依為聖の持文載之〔是れ聖の持文たるにより、これを載す〕。それよりこのかたまなぶものをゐづからありといへども、利益猶あまねからず。しかるをいま時いたり、機熟しけるにや。

同国小田切の里、或武士の屋形にて、聖をどりはじめ給ける に、道俗おほくあつまりて結縁あまねかりければ、次第に相続

空也上人 平安中期の僧で、市聖・阿弥陀聖と呼ばれ、常に鹿杖をもち、鉦を胸前に架け、天慶元年(九三八)以来、京を中心に念仏を勧め、天禄三年(九七二)歿した。

市屋 平安京には東西両京に官営の市場がおかれ、その建物が市屋。東市は七条東堀河、西市は七条西大宮。この市は東市。

初めて踊り念仏をする

43 第 四

信濃国小田切の里(伴野とも)で

して一期の行儀と成れり。

無量寿経云、「曾更見世尊即能信此事謙敬聞奉行踊躍大歓喜」〔曾て更に世尊を見たてまつるもの、即ち能くこの事を信ず。謙敬し聞きて奉行し、踊躍して大いに歓喜す〕文。善導和尚御釈云、「行者傾心常対目騰神踊躍入西方」〔行者心を傾け常に対目す。神を騰せ踊躍して西方に入る〕文。文の意は、身を穢国にすてゝ心を浄域にすまし、偏に本願をあふぎ、専ら名号をとなふれば、心王の如来自然に正覚の台に坐し、己身の聖衆踊躍して法界にあそぶ。

これしかしながらみづからの行業をからず、唯他力難思の利益、常没得度の法則なり。 然ば行者の信心を踊躍の凡に示し、報仏の聴許を金磬の響にあらはして、長眠の衆生を驚し、群迷の結縁をすゝむ。是以童子の竹馬をはする、是をまなびて処々にをどり、寡婦の蕉衣をうつ、これになずらへて声々に唱。

夫慈尊別意の密化は善悪おなじく道場に坐し、教主開示の要

無量寿経　巻下。

善導和尚御釈　『往生礼讃』。

慈尊　阿弥陀仏。

門は定散ひとしく無生をう。称念これやすし、往生何の煩かあらむ。

江州守山のほとり琰魔堂といふ所におはしける時、延暦寺東塔桜本の兵部竪者重豪と申人、聖の躰みむとて参りけるが、「おどりて念仏申さる〻事けしからず」と申ければ、聖、はねばはねよをどらばをどれはるこまののりのみちをばしる人ぞしる

重豪
心こまののりしづめたるものならば
さのみはかくやおどりはぬべき

聖又返事
ともはねよかくてもをどれこ〻ろこま
みだのみのりときくぞうれしき

其後、此人は発心して念仏の行者となり、摂津国小野寺とい

延暦寺東塔 延暦寺は比叡山にあって、京の鬼門を鎮護する寺として最澄が建立。山は東塔・西塔・横川の三塔の地域に分つ。
重豪 『遊行上人縁起絵』(巻三)は、「桜本兵部阿闍梨宴聡」とする。

摂津国小野寺 所在地不明。

ふところにすましけるとぞきこへ侍し。又或僧「心こそ詮なれ、外相いかでもありなむ」と申ければ、
　　こゝろよりこゝろをへんとこゝろへて
　　　心にまよふこゝろなりけり
又或時、
　　みな人のことありがほにおもひなす
　　　こゝろはおくもなかりけるもの
　　いはじたゞことばのみちをすく〴〵と
　　　人のこゝろの行事もなし
　　のりの道かちよりゆくはくるしきに
　　　ちかひのふねにのれやもろ人

一遍聖絵 第五

弘安二年の冬、信州佐久郡の大井太郎と申ける武士、この聖にあひたてまつりて、発心して一向に極楽をねがひけり。かの姉にて侍りけるものは、仏法帰依の心ながくたへはて、念仏誦経の思なかりけるが、あるよ夢にみるやう、「い」へのめぐりに小仏のあまた行道し給中に、たけのたかきをば一遍上人と申」とみて、おどろきて陰陽師をよびて、「いまみる事は悦かうれへか」ととらふ。陰陽師「めでたき悦なり」とうらないけり。この時発心して聖を請したてまつりて、三日三夜供養をのべて念仏を申き。結願して聖はかへり給ぬ。数百人をどりまはりけるほどに、板敷ふみおとしなどしたりけるを、つくろふべきよ

大井太郎　大井荘領主人井太郎朝光で、父は小笠原信濃守長清。

陰陽師　陰陽五行説にもとづいて、吉凶をうらなう人。

し人申ければ、「これをば一遍聖のかたみとすべし、つくろふべからず」とて、そのまゝにてをき侍けり。彼漢の成帝、直臣の諫言をしのびて朱檻のおれたるをつくろはざりけんも思あはせられて、ことにわりなくこそおぼえ侍れ。かのおむな、そのゝち専修の行者となりてつねに往生をとげにけり。

〔第二段〕
　下野国小野寺※といふ処にて、にはかに雨おびたゞしくふりければ、尼法師みな袈裟衣などぬぐをみ給て、
　　ふればぬれぬるればかはく袖のうへ
　　　あめとていとふ人ぞはかなき
あるとき、時衆のあま瞋恚をおこしたりけるに、
　　くもとなるけぶりなたてそあまのはら
　　　つきわをのれとかすむものかは

下野国小野寺　栃木県下都賀郡岩舟町字小野寺。

〔第三段〕

　弘安三年、善光寺より奥州へおもむき給に、旅店日をかさねて勝地ひとつにあらず。月は野草の露よりいで〻、遠樹の梢をいとはぬさかひもあり、日は海松の霧をわけて、天水の浪にかたぶくところもあり、漁人・商客の路をともなふ。知音にあらざれどもかたらひをまじへ、*邑老村叟のなさけなき、勧化をまたずして縁をむすぶ。かくて白川の関にか〻りて、関の明神の宝殿の柱にかきつけ給ける、

　　ゆく人をみだのちかひにもらさじと
　　　名をこそとむれしら川のせき

　奥州江刺の郡にいたりて、祖父通信が墳墓をたづね給に、人つねの生なく、家つねの居なければ、只白楊の秋風に*東岱の煙あとをのこし、*青塚の暮の雨に北芒の露涙をあらそふ。よて荊

白川の関　福島県白河市旗宿。白河は菊多（勿来）・出羽念珠とともに奥羽三関の一。

祖父通信が墳墓　岩手県北上市稲瀬町下門岡水越に聖塚として現存。

東岱の煙　東岱は山東省泰安の北にある泰山の称。中国では人が死ぬと魂魄はここに来たという。

青塚　漢の王昭君の墓は、青色であったという。

北芒　北芒（邙）は中国河南省洛陽の北にある山で、墓地が多く、そのため火葬されることを北芒の煙ともいう。

蕨をはらひて追孝報恩のつとめをいたし、墳墓をめぐりて転経念仏の功をつみたまふ。

まことに一子出家すれば七世の恩所、得脱することはりなれば、亡魂さだめて懐土望郷のむかしの夢をあらためて、華池宝閣の常楽にうつり給ぬらむと、ことにたのもしくこそおぼえ侍れ。聖哥云、

　はかなしなしばしかばねのくちぬほど
　　野原のつちはよそにみえけり
　世中をすつるわが身もゆめなれば
　　たれをかすてぬ人とみるべき
　身をすつるすつる心をすてつれば
　　おもひなき世にすみぞめの袖

〔第四段〕

恩所　恩をうけた人。

第五

　松島平泉のかたすゝめまはりて、常陸国にいて給けるに、悪党の侍りけるが、時衆の尼をとらむとしけるに、夢に僧のまたぶりといふ物をもちたるがきたりて、「念仏の行者障礙をする事不思議なり」とて、その杖にてつき給とみて夢さめぬ。すなはち中風して身もはたらかされざりけるに、彼男のおや、この事をなげきて、聖のもとにまうでゝ事のよしを懺悔し、「たすけさせ給へ」と申に、聖「われしらぬ事なり、いろうにをよばず」とおほせられけれども、かさねてなげき申すあひだ、「さらばゆきてみるべし」とておはしければ、すなはち中風なおりにけり。

　同国なる者聖を請したてまつりて、三七日供養をのべてのち、庭を掃除しけるに、渠の中より鶯眼五十貫を得たる事侍りけり。かの文挙、はゝのために一子をうづむまごとて金釜をえたりけるも、真俗その心ざしことなりといへども、現業の感ずるところ、

またぶり　叉（また）になった木の枝、または杖。

いろう　慰めいたわる。

鶯眼　中央に穴のあいている銭。

おもひあはせられ侍りけり。武蔵国石浜にて時衆四五人やみふしたりけるをみ給て、のこりゐてむかしをいまとかたるべきこゝろのはてをしる人ぞなき

[第五段]

弘安五年の春、鎌倉にいりたまふとて、ながさごといふところに三日とゞまりたまふ。聖のたまはく、「鎌倉いりの作法にて化益の有無をさだむべし、利益たゆべきならば、是を最後と思べき」よし時衆にしめして、三月一日こぶくろざかよりいりたまふに、「今日は大守山内へいで給事あり、このみちよりはあしかるべき」よし人申ければ、聖「思ふやうあり」とて、なをいりたまふ。武士むかひて制止をくはふといへども、しゐてとをりたまふに、小舎人をもて時衆を打擲して、「聖はいづ

石浜　東京都台東区浅草石浜町。
時衆　『観経疏』玄義分中の「道俗時衆等」に語源があり、一遍聖にしたがった同行の称。

ながさご　神奈川県藤沢市長後。

こぶくろざか　巨福呂坂（小袋坂）、鎌倉市山ノ内。
大守　親王の任国と定められていた上総・常陸・上野三カ国の守（かみ）の称であるが、ここでは執権北条時宗を指す。
小舎人　侍所で、雑用を勤め、罪囚・獄舎のことをつかさどった下司（げし）。

くにあるぞ」とたづねければ、聖「こゝにあり」とていでむかひ給に、武士云、「御前にてかくのごときの狼藉をいたすべき様やある、汝徒衆をひきぐする事ひとへに名聞のためなり、制止にかゝへられず乱入する事、こゝろえがたし」と々云。聖こたへたまはく、「法師にすべて要なし、只人に念仏をすゝむるばかりなり。汝等いつまでかながらへて、かくのごとく仏法を毀謗すべき。罪業にひかれて冥途におもむかん時は、この念仏にこそたすけられたてまつるべきに」とのたまふ。返答なくして二枚うちたてまつる。聖、不捨怨憎由大悲*「怨憎を捨てざるは大悲による」なれば、さらにいためる色なし。有識含霊*皆普化〔有識・含霊、皆普ねく化する〕なれば、ひとへに結縁をよろこびのたまひけるは、「念仏勧進をわがいのちとす。しかるをかくのごとくいましめられば、いづれのところへかゆくべき。こゝにて臨終すべし」とのたまふに、武士、「鎌倉の外は御制にあ

不捨怨憎由大悲 原文は「增」。

有識含霊 思慮分別があるのを有識、生命をもつものを含霊、すべての人たちの意。

一遍聖と制止する武士

55 第五

鎌倉入りを企てる

らず」とこたふ。よりてそのよは、山のそば、みちのほとりにて、念仏したまひけるに、かまくら中の道俗雲集して、ひろく供養をのべたてまつりけり。
　昔達磨の梁をいで、孔子の魯ををはれしも、人の愚にあらず、国のつたなきにあらず、たゞ時のいたらざるとなり。
　しかあれば、今、このひじりも人つゐに帰して、貴賤こゝにあつまり、法いよいよひろまりて、感応みちまじはりけり。

一遍聖絵 第六

弘安五年三月二日、かたせの館の御堂といふところにて、断食して別時し給に、願行上人の門弟上総の生阿弥陀仏来臨して、十念うけたてまつりて、六日のあした、往生院へ召請したてまつり、一日一夜侍りけるに、又御使あるによりて七日の日中にかたせの浜の地蔵堂にうつりゐて、数日をくり給けるに、貴賤あめのごとくに参詣し、道俗雲のごとくに群集す。

同道場にて三月のすゑに紫雲たちて花ふりはじめけり、そのゝちは時にしたがひて連々この奇瑞ありき。人うたがひをなして問たてまつりければ、「花の事ははなにとへ、紫雲の事は紫雲にとへ、一遍しらず」とぞ仰られける。聖哥云、

かたせ 神奈川県藤沢市片瀬。『遊行上人縁起絵』巻二）は「相模国竜口」とする。

願行上人 憲静。初め南都で律を、のち高野山で密教を修めたのち、鎌倉に下向し名越に安養院を建立して住した。

かたせの浜の地蔵堂 藤沢市片瀬下町字地蔵目が、その跡地。

さけばさきちればをのれとちるはなの
ことはりにこそみはなりにけれ
はながいろ月がひかりとながむれば
こゝろはものをおもはざりけり
抑あまねく先規をとぶらへば、道綽禅師念仏せしかば、空
中に化仏あらはれ、天花ふりくだる。その色鮮白にして、あまね
くそらにみつといへり。道詮禅師往生せしかば、紫雲い
ほりにおほひ、音楽そらにきこへ、細華天よりふりき。井
州開化寺の沙弥兄弟二人往生のときは、地うごき、花ふりて二
人ともに一時にさりにき。延暦寺座主僧正増命和尚臨終の
時は金光たちまちにてらし、紫雲そびけ異香室にみつ。
かくのごときの瑞相伝記におほしといへども、これを記するに
いとまあらず。しかれば時いたり機熟するとき感応をあらはす
事なんのうたがひあるべき。

道綽禅師 中国并州晋陽の人。北斉武帝の河清元年(五六二)に生まれ、初め『涅槃経』の研鑽につとめたのち、律と禅定を実践、その後浄土教に帰依し、玄中寺に住し、曇鸞に私淑。貞観十九年(六四五)歿した。善導はその弟子。

井州開化寺の沙弥兄弟 『往生西方浄土瑞応刪伝』第二十七「沙弥二人」の条に、「心開眼浄同見菩薩来迎 地即震動 天華散空 一時倶逝 随願往生」とある。

増命 円珍の弟子、園城寺長吏を経て、延喜六年(九〇六)十月天台座主となり、延長五年(九二七)十一月歿した。

第六

片瀬の浜の道場での踊り念仏

其時の天よりふりたる潔白の花、そらにきへて地におちたりしを、*徳大寺の候人肥前々司貞泰と いふ者 いまにもちたり。たゞのはにあ□□□□のゝやうに侍り。又かき給へる名号炎上の時、かみはやけて文字は灰の中にのこりたるを、美作国なるものゝ手より貞泰相伝して、おなしく安置したてまつれり。河内国にも名号のやけざる事あるよし、かたり申人侍りき。又すみにてかき給へる名号、金色に変ずる事予州にこれあり。

この同年七月十六日にかたはせをたちてみやこのかたへ修行し給。伊豆国*三島につき給けるひ、日中より日没まで紫雲たちたりけり。おりふし時衆七八人一度に往生をとぐ。社官等これをいみたてまつることなくして、結縁申侍りけれども、いさゝかのたゝりもなかりけり。まことに*大通智勝の昔より*和光利物のいまにいたるまで本迹の本懐をたづぬるに、衆生の出離をすゝめんがためなれば、仏法を修行せん人は神明の威光をあふぎたてまつるべし。

徳大寺家 清華家、藤原公季を祖とし、実能が京都衣笠岡に徳大寺を建立して、この名で呼ばれる。

三島 静岡県三島市。三島大社は三島大明神とも呼ばれ、三島市大宮町に鎮座。

大通智勝仏 三島大明神とも見える仏。『法華経』化城喩品第七に見える仏。仏が出家前の第九王子として生まれたのが、阿弥陀仏であるという。

和光利物 威光をやわらげ、人びとに教えを説く。

三島神社の鳥居の前

てまつるべきものをや。

〔第二段〕

　武蔵国にあぢさかの入道と申もの、遁世して時衆にいるべきよし申けれども、ゆるされなかりければ、往生の用心よく〳〵たづねうけ給て、*蒲原にてまちたてまつらんとていでけるが、富士河のはたにたちより、馬にさしたる縄をときて腰につけて、「なんぢらつるに引接の讃をいだすべし」といひければ、下人「こはいかなる事ぞ」と申に、「南無阿弥陀仏と申てしねば、如来の来迎し給を惜む事なかれ」とて十念となへて水にいりぬ。すなごりを惜む事なかれ」とて十念となへて水にいりぬ。すなはち紫雲たなびき音楽にしにきこへけり。しばらくありて縄をひきあげたりければ、合掌すこしもみだれずしてめでたかりけりとなん。聖哥云、

蒲原　静岡県庵原郡蒲原町。

こゝろをばにしにかけひのながれ行
みづのうへなる あはれ世の中

〔第三段〕

道場へ託磨の僧正胡跪合掌し給状云、于時法印をくり給状云、

仏子公朝胡跪合掌而言、

南無西方極楽教主阿弥陀仏、南無観音勢至諸菩薩衆清浄大海

衆、照無二之誠心哀専一之勤修、歳去歳来往生願無倦、溺下愚随喜之

若坐若立称念之功漸積而聞三上人済度之悲願、

涙行、且為結縁、且為値遇、奉寄書信 於沙村之浄場、欲

期引導於金刹之妙土、縦有前後之相違、莫忘懇懃之芳契、

恐々敬白 仏子公朝胡跪合掌して言。南無西方極楽の教主阿弥陀仏、

南無観音勢至諸菩薩衆、清浄大海衆。無二の誠心を照し、専一の勤修

を哀みたまへ。歳去歳来、往生の願倦むことなし。若しは坐し、若し

託磨の僧正 公朝。鎌倉宅間ヶ谷に住し、園城寺派の僧で、鎌倉に下り、歴代の将軍の護持僧を勤めたが、生歿年は未詳。

胡跪 左右両膝をたがいにひざまずく互跪と、両膝をつく長跪とがある。

は立ちて称念の功、漸く積み上人の済度の悲願を聞く。下愚、随喜の涙行に溺れ、且つは結縁のため、且つは値遇のため、書信を沙村の浄場に寄せ奉る。引導を金刹の妙土に期せんと欲す。縦ひ前後の相違あるも、慇懃の芳契を忘るること莫れ。恐々敬白。〕

　弘安五年五月廿二日　　　　　　　　　　　　　法印公朝

　謹上還来穢国一遍上人足下

　南無阿弥陀仏　信心大衆等言

　　一称名号中　　三尊垂化用

　　十方衆生前　　九品顕来迎

　　返報云、

　　くもりなきそらにふけ行月もみよ

　　こゝろはにしにかたぶける身を

〔一称名号の中に、三尊化用を垂れ、十方衆生の前に、九品の来迎を顕す〕

くもりなきそらはもとよりへだてねば
こゝろぞにしにふくる月景

南無阿弥陀仏　六十万人知識一遍

又或人法門たづね申ける返事、

須弥のみねたかしひきしの雲きへて
月のひかりやそらのつちくれ

念仏にもをのがこゝろをひくすゞは
みをせめだまの露としらずや

あともなきくもにあらそふこゝろこそ
なか〴〵月のさはりとはなれ

又、能念上人のかたり給しは、「上総生阿弥陀仏所労の時、聖を召請せられけるに、鎌倉へはいられればこそゆかめ、現ぜずよりほかはとの給けるが、かたせにおはしましながら、生阿弥陀仏のもとにおはして物語などし給けると、まさしくうけ給

き。しかるにこの生阿弥陀仏は、熊野の道中にて臨終めでたくて往生とげられぬ。我も知識の契約申て侍りしかばたのもしく侍る。そのなごりなれば、「契約申さんとてきたりたる」よしの給しが、いくほどもなく、此聖三条堀河にして臨終正念して素懐とげ給しかば、さだめて半座のうへに往昔の因縁をかたらひ給らんとぞおぼえ侍る。

又尾張に二宮入道と申もの、「臨終の時はたすけさせ給へ」と申ければ、「信ぜばゆかんずるぞ」と約束し給けり。下向のゝち病づきて臨終をよびければ、この事をふかく信じてまちたてまつりけるに、最後のきざみたゞひとりまへに来給たりけるを、入道、知識の僧に「一遍上人のいらせ給たるはみたてまつるか、うしろむきておはしますぞ」と申ければ、知識の僧、「只今臨終にてましませば、引接のために西にむきておはしますか」と申ければ、歓喜の思に住して念仏申て往生をとげにけ

三条堀河　三条町は中世商業の中心地であり、東海道に通じていた。
臨終正念　臨終に妄念がおこらないこと。
半座　同じ蓮の上で座を分ける。

り。これは知識の僧も妻女もまさしくみたてまつりたりけり。即身往生も三国の伝記にのせたることなれば、念仏の行者、この依身ながら神通を現ぜん事もをのづからあるべきにや。

[第四段]

弘安六年癸未、尾張国甚目寺につき給。この寺は推古天皇御宇、当国白水郎竜麻呂蒼海のそこより観音の紫金の像を感得したてまつりて伽藍を建立す。伝云出三於月氏国一到三百済一伝二日本一、或善光寺如来脇士と申

天智天皇御宇、霊徳によりて勅願に准ぜられしよりこのかた、十二因縁のゆふべの霧にやどりて、涼燠おほくかさなり、三十三身の秋の月をかゞやかして利益あまねくひろまれり。よりてこの地にして七日の行法をはじめ給ける、供養ちからつきて寺僧うれへの色みえければ、聖しめし給はく、「断食によりて法命つくることなし、かならず宿願をはたすべし」と。

*はくすいろう

*三十三身

即身往生 その身そのままの姿で往生する。

甚目寺 愛知県海東郡甚目寺町。甚目連(はだめのむらじ)の氏寺として建てされた寺で、初め伊勢国甚目浦にあり、本尊は聖観音菩薩。

白水郎 原文は「泉郎」となっている。あま、海人のこと。

三十三身 観音は人たちの機に応じて、三十三とおりに身を変える、という。

寺 原文は「時」。

その夜、萱津*の宿に侍る徳人二人、同時に夢想をかうぶる。この本尊のかたはらにまします毘沙門天王、かの宿におはしまして、「我大事の客人をえたり、かならず供養すべき」よしをしめし給。そのあした、二人あひともなひて夢想の様を申て供養をのべたてまつる時、御帳を風のふきあげ侍りけるに拝したてまつれば、この毘沙門天王、御坐をさりてあゆみいで〻たち給へり。人みな不思議の思に住して、すなはち彼寺の伝記にのせをはりぬ。この毘沙門は、もとよりか〻る不思議の霊徳をほどこし給事おほしとぞ申つたへたる。

萱津の宿 愛知県海東郡甚目寺町上萱津・中萱津・下萱津から名古屋市中村区東宿にかけての地。

一遍聖絵 第七

美濃・尾張をとをり給に、処々の悪党*ふだをたてゝいはく、「聖人供養のこゝろざしには、彼道場へ往詣の人々にわづらひをなすべからず。もし同心せざらむものにおきてはいましめをくはふべし々云」。よりて三年があひだ海道をすゝめ給に、昼夜に白波のをそれなく、首尾緑林の難なし。凡化道におもむき給てのち、十六年のあひだ、洛陽辺土、貴賤群をなしゝかども、いさゝかも喧嘩の事侍らざりき。

又不思議なりしことは、近江国草津と申所におはせし時、中*夜をはりて人みなしづまりて後、にはかに雷電し、雨あらく風はげしかりしに、聖おきぬ給へり。そのかたはらに侍りしかば、

悪党 社会の秩序を乱す者、また反体制的な者。

中夜 六時礼讃のうち中夜礼讃の勤め。一日を日没・初夜・中夜・後夜・晨朝・日中に分け、中夜は真夜中にあたる。

「たゞいま結縁のために伊勢大神宮のいらせ給に、山王もいらせ給なり。不信のものども小神たちに罰せられて、おほく病悩のものありぬとおぼゆるぞ」と仰られき。一時ばかりありて雷電とゞまりぬ。其朝「やむものやある」とたづね侍しかば、時衆一度に十三人やみ侍き。

又、萱津の宿におはしける時も、「伊勢大神宮のいらせ給ふべきなり」との給けるに、日中はじまりければ、道場におほきなる蜂充満したりけれども、人をさす事もなくて日中はてければ、みなとびさりにけり。

昔、日光の権現の三論宗擁護のために南都へ勧請せられ給はむとて、おほくの不思議を現し給中に、鴨の勢なる蜂、東大寺に巣をくひて人をさしころしければ、宣旨をくだされて、一郎滝口と申ける弓の上手に是をいさせらる。二三日にいつくしてけり。後に天下旱魃疫癘して人民おほく死する時、七歳の小児

山王 山王権現。近江国一宮日吉大社。山王権現は延暦寺側からの称で、本地は釈迦如来。
日光の権現 奈良時代、勝道が開き、空海が登山し二荒を日光と改めたといい、関東修験の中心。
三論宗 南都六宗の一。中論・十二門論・百論が所依の経論。
蜂 東大寺法華堂(三月堂)後戸の執金剛神を蜂の宮ともいう。
東大寺 奈良市雑司町にあって、華厳宗の大本山。聖武天皇の発願により建立、本尊は盧舎那仏。
一郎滝口 一郎は一﨟の意。滝口は清涼殿の東北にあって禁中護衛の武士が祗候した。

に託して、「我は権現なり。このところにあらはれむために、度々しるしをみせしぞ。俱力伽羅の行者となり、又蜂となりしも我なり。このところに住して三論宗をまぼらんといふ願をはたさんためなり」と御託宣ありければ、人うたがひて、「実の権現にておはしまさば、なんぞ良弁にあひて験をうしなひ、又一郎には射られさせ給ぞ」と申に、「良弁にまけしは四聖の威をまさんためなり。郎にいられしは国王の徳をあらはさむためなり」とぞおほせられける。「今度の旱魃疫癘はわがなす事ぞ。我を勧請せばすなはちこの難をのぞくべし」としめされけり。「旱魃をとゞめさせ給はゞ勧請したてまつるべき」よし申ければ、たちどころに雨ふりて国土をうるおし、やまひいえて人民安穏なりき。垂跡の応用は、時により縁にしたがひて一准ならぬ御事なれば、かならず其例をたづぬるにおよばざれども、神明の蜂と現ぜさせ給事、おもひあはせらるゝかたの侍るもの

俱力伽羅 不動明王。不動明王は行者に給仕して諸事を行ない、菩提心をおこせ、悪を断じて善を修し、大智恵を得さぜて成仏させる。原文は俱刀。

良弁 金鐘（こんづ）行者といわれ、審祥について華厳を学び二祖となり、東大寺建立にあたり別当に補され僧正に任じられ、宝亀四年（七七三）歿した。

四聖 東大寺建立にあたり功のあった聖武天皇（発願）・行基（勧進・菩提遷那（導師）・良弁（開基）をいう。

なり。

　江州はおほく山門の領たるによりて、ひさしく帰依の事しかるべからざるよし、あひふれらるゝときこへしかども、横川の真縁上人来臨ありてたがひに芳契ありき。数日の化導わづらひなくしてすぎ給ぬ。

　又、関寺へいり給し時、園城寺よりしかるべからざるよし、制止ありとて、其夜は関のほとりなる草堂にたちより給しほどに、化導のおもむきゆへなきにあらずとて、衆徒のゆるされありしかば、関寺に七日の行法をはじめ給き。あまさへ智徳たち対面法談ありて、聖の余波をおしまるゝによりて、今二七日延行せられ侍き。

〔第二段〕
　同七年閏四月十六日、関寺より四条京極の釈迦堂にいり給。

真縁　俗名は平輔兼。文永五年（一二六八）ごろ出家して比叡山に入り、のち横川に住し、聖としての生活をおくった。

関寺　滋賀県大津市関寺町にあって、世喜寺とも称した。

園城寺　滋賀県大津市園城寺町にあり、三井寺と通称され、また寺門ともいう。

釈迦堂　京都四条大路の北、東京極大路東にあり、のち金蓮寺と改称した。

貴賤上下群をなして、人はかへり見る事あたはず、車はめぐらすことをえざりき。一七日のゝち、因幡堂にうつり給。
そのとき土御門入道前内大臣念仏結縁のためにおはしまして、後におくり給へる、

　　一声をほのかにきけどもとゝぎす
　　　なをさめやらぬうたゝねのゆめ

　　返事　聖

　　郭公（ほととぎす）なのるもきくもうたゝねの
　　　ゆめうつゝよりほかの一声

同出離生死のおもむきたづねつかはされける御返事云、
他力称名は不思議の一行なり、弥陀超世の本願は凡夫出離の直道なり。諸仏深智のをよぶところにあらず。いはむや、三乗浅智心をうかゞはむや。諸教の得道を耳にとゞめず、本願の名号を口にとなへて、称名のほかに我心をもちゐざるを、無疑無

土御門入道前内大臣　源通成。親の孫三条坊門入道通成。通成は文永六年（一二六九）四月内大臣に任じられ、同年十一月辞任。翌七年十二月出家して性乗と名乗り、弘安九年（一二八六）十二月歿した。

慮乗彼願力定得往生〔疑ひなく慮ひなく、彼の願力に乗じて、定んで往生を得〕といふ。南無阿弥陀仏とヽなへて我心のなくなるを、臨終正念といふ。このとき仏の来迎にあづかりて、極楽に往生するを念仏往生といふ。々云。

又、三条悲田院に一日一夜、蓮光院に一時おはします。これらは彼寺の長老の召請のゆへにぞ侍りける。さて蓮光院よりかへり給たりける後朝に、彼寺の方丈より申くられける。

うつゝとてまつべきこともなかりけり
昨日のゆめよみしはみしかば

聖 返事

うつゝとて待得てみれば夢となる
きのふに今日なおもひあはせそ

〔第三段〕

三条悲田院 左右京の東西におかれ、もと九条南にあったが、十一世紀初め鴨川西の河原付近に移established。悲田院の役割は孤児や貧窮者の救済であった。

蓮光院 京都市中京区姉小路通大宮西入姉西町に所在。弘仁三年(八一二)真然の開創と伝え、本尊は不動明王。

そのゝち雲居寺・六波羅密寺、次第に巡礼し給て、空也上人の遺跡市屋に道場をしめて数日をくり給しに、唐橋法印承勢至菩薩の化身にてをはしますよし、霊夢の記をもちてまいれり。聖は、「念仏こそ詮にてあれ、勢至ならずは信ずまじきか」とていましめ給。

又、従三位基長卿、ひごろは信心したてまつる思なくて、結縁も申さぬところに、たちまちに瑞夢のつげありとて、一巻の記を持参せられたりき。聖、「さても信心をこらばよき事よ」とてなげをかれぬ。其詞云、

昔大唐聖紹之時、如来之化身聞‑滝水之声‑而広‑念仏於上都‑。今本朝聖明之代、浄住之応現依‑霊社之告‑而勧‑称名於東洛‑。蟋蟀仮‑秋蚜蛩以‑陰。此言雖‑小可‑以喩‑大。誠是随機説法者頓悟出離之階梯、称名念仏者済度相応之舟航也。舎衛九億之衆多済仰‑練行之席‑。頑魯六十之翁未‑往‑詣集会之場‑。而

雲居寺 くもゐ寺・八坂東院と呼ばれ、京都市東山区下河原町あたりにあった寺。
六波羅密寺 六波羅密寺。京都市東山区轆轤町にあって、空也の開創と伝え、本尊は十一面観音。
唐橋法印承 院恵・胤恵・作阿弥陀仏ともいい、永仁二年(一二九四)四月歿した。
従三位基長 藤原保綱の子で、嘉禎三年(一二三七)勧学院学頭、弘安二年(一二七九)刑部卿、同四年文章博士、同六年従三位となり、同九年正三位、正応二年(一二八九)十二月歿した。

での踊り念仏

77　第七

京都市屋道場

十三日之夜十四日之暁、夢魂所レ示以レ詩可レ讃。拭二随喜之涙一、添二帰依之誠一。琴感未而孟嘗泣、風力少而落葉脆之謂歟。于レ時残更而枕上凝レ思驚レ眠者穿二疎屋一之月影、早晨而案頭染レ筆、滌心者払二業塵一之風声、非レ餝二浮華一。何招二綺語之罪一、只摭二要実一。豈汚二至徳之光一哉

〔昔、大唐聖紹の時、如来の化身、瀇水の声を聞き、念仏を上都に広む。今、本朝聖明の代、浄住の応現、霊社の告げによりて、称名を東洛に勧む。蟋蟀は秋を仮り、蜉蝣は陰をもてなす。この言小なりと雖も、もつて大に喩ふべし。誠にこれ随機説法は頓悟出離の階梯、称名念仏は済度相応の舟航なり。舎衛九億の衆、多く済しく練行の席を仰ぐ。頑魯六十の翁、未だ集会の場に往詣せず。しかるに十三日の夜、十四日の暁、夢魂に示すところ、詩をもつて讃ずべし。随喜の涙を拭ひ、帰依の誠を添ふ。琴感未だし孟嘗泣く、風力少なくして落葉脆しの謂か。時に残更、枕上に思ひを凝せば、眠りを驚か

すもの疎屋を穿つの月影、早晨、案頭に筆を染むれば、心を滌ぎ業塵を払ふの風声、浮華を餝るにあらず。何ぞ、綺語の罪を招き、只要実を撫ふ。豈至徳の光を汚さんや〕

従三位藤基長

今日専称₂名号₁勧 可レ知教主使₂乎身₁

受レ生三欲界₁独忘レ欲 仮レ貌人間₁誰謂レ人

処々紫雲晴後耀 時々花雨安養隣

覚前万事唯心土 夢裏一声安養隣

曠劫以来沈没衆 結縁随₂喜出離因₁

先聞₂霊託₁涙零レ袖 内証弥陀外用神

〔今日、専ら名号を称することを勧む。

知るべし、教主、身に使ふを。

欲界に生を受け、独り欲を忘れ、

貌を人間に仮るも、誰か人と謂ふ。〈世に上人と謂ふも、実に非ざる

弟子唱₂六字之名号₁預₂数度之
汲引₁剰結₂善縁₁争不₂歓喜₁
証誠殿₂有₂三霊
託₁云々故₁云

唯心土 唯心の浄土の意で、心のうちに思いえがかれた浄土。

内証弥陀外用神 悟りの内容は弥陀であるが、はたらきそのものは神。

が如し〕

処々の紫雲、晴れて後耀き、時々花雨る、夏中の春。
覚る前は万事唯心の土、夢の裏に安養に隣る。
曠劫より以来、沈没の衆、結縁し出離の因に随喜す。〈弟子六字の名号を唱へ、数度の汲引に預る。剰さへ善縁を結ぶ。争か歓喜せざらんや。〉
先きに霊託を聞き、涙袖に零つ、内証は弥陀、外用は神なり。〈証誠殿に霊託ありと云々、故 云ふ〉

聖の給はく、「聖人の風をもちゐること、俗をかうることなし。しかれば関東にして化導の有無をさだめき。かねて思ひしすこしもたがはず。いま又、数輩の徒衆をひきぐして洛中に逗留の事、もとも斟酌あるべし」云々。よりて経廻の道場、行法

の日数、みなゆへなきにあらず。京中の結縁、首尾自然に四十八日にて侍しが、市屋にひさしく住給しことは、かた〴〵子細ある中に、遁世のはじめ、「空也上人は我先達なり」とて、かの言どもを心にそめてくちずさみ給き。其中に、

求レ名為レ願衆身心疲、積レ功為レ修善希望多、不レ如三孤独無二境界一、不レ如三称名拠二万事一、閑居隠士貧為レ楽、禅観幽室者閑為レ友、藤衣紙裘是浄服、易レ求無二盗賊恐一文[名を求め衆を願ふとせば身心疲れ、功を積み善を修せんとせば希望多し。孤独は境界なきにしかず、称名は万事を拠つにしかず。閑居の隠士は貧しさを楽となし、禅観に幽室せば閑を友とす。藤衣紙裘はこれ浄服、求め易くして盗賊の恐れなし]

この文によりて、始四年は身命を山野にすて、居住を風雲にまかせてひとり法界をす〻め給き。おほよそ済度を機縁にまかせて、徒衆を引具給といへども、心諸縁をはなれて、身に一塵

をもたくはへず、一生つねに絹綿のたぐひ、はだにふれず、金銀の具手にとる事なく、酒肉五辛*をたちて、十重の戒珠*を全し給へり。哥云、

　をのづからあひあふときもわかれても
　ひとりはをなじひとりなりけり
　おほかたのそらにはそらの色もなし
　月こそ月のひかりなりけれ
　かくしつゝのはらのくさの風のまに
　いくたびつゆをむすびきぬらん

〔第四段〕

　同年五月廿二日に、市屋をたちて桂*にうつり給ぬ。そのとき京より人のもの申たりける返事、

　おもひとけばすぎにしかたもゆくゑも

五辛　にら・ねぎ・にんにく・らっきょう・はじかみ。

十重の戒珠　出家として守るべき十戒。

桂　京都市西京区。中世山陰道の往還があり、殷賑をきわめた。

ひとむすびなる夢のよの中

さて、この所にてわづらふことのおはしましけるに、書ていだし給ける詞云、

それ生死本源の形は男女和合の一念、流浪三界*の相は愛染妄境の迷情なり。男女かたちやぶれ、妄境をのづから滅しなば、生死本無にして迷情こゝにつきぬべし。花を愛し月を愛する、やゝもすれば輪廻の業。ほとけをおもひ経をおもふ、ともすれば地獄のほのを。たゞし、一心の本源は自然に無念なり。無念のかた動ぜず。しかりといへども、自然の道理をうしなひて、の作用、真の法界を縁ず。一心三千に遍ずれども、もとよりこ意楽の魂志をぬきいで、虚無の生死にまどひて、幻化の菩提をもとむ。かくのごときの凡卑のやから、*厭離穢土欣求浄土のこゝろざしふかくして、いきたへいのちをはらむをよろこび、聖衆の来迎を期して、弥陀の名号をとなへ、臨終命断のきざみ無

三界　欲界・色界・無色界。

真の法界　悟りの世界。
一心三千　心のうちにあらゆるものが反映している。
魂志　『一遍上人語録』では懇志。
厭離穢土欣求浄土　この世を穢れたものとしていとい、心から喜んで浄土に生まれようとする願い。

生法忍にはかなふべきなり。南無阿弥陀仏。

一遍聖絵 第八

弘安七年秋の比、桂をたちて北国のかたへおもむき給ふ。桑駅にけぶりとをくして、*蘿岫に日かたぶきぬれば、篠村といふ所にて林下に草のまくらをむすび、叢辺に苔のむしろをまふけ給に、あやしき男七八人きたりて、「*穴生より御むかへにまいりたり」と申すゝかへりぬ。

これによりて、その翌朝に穴生へまいり給たりけるが、かの所にはかつて請したてまつりたる人もなくして、つるにゆくゑをしらず。「この所の人に縁をむすばしめんために、観音のしめさせ給けるか」とぞ申あへりける。おりふし腹をわづらひ給けるほどに、行歩わづらはしとて二七日逗留し給。

蘿岫　蔦や葛のしげる峰。

穴生　京都府亀岡市曾我部町穴生、穴生寺の本尊け聖観音で、西国三十三ヵ所の第二十一番札所。

そのあひだ、まいりあつまりたるものどもをみるに、異類異形にしてよのつねの人にあらず。*畋猟漁捕を事とし、為利殺害を業とせるともがらなり。このさまにては仏法帰依のこゝろあるべしともみえざりけるが、おのノ＼掌をあはせてみな念仏うけたてまつりてけり。

他所より召請したてまつりけれども、いたはりにいかゞあるべきとみへ給へるに、結願のあしたより。そのなごりもなく、本に復*していて給にけり。これにつけてもひとあやしみあへりけり。

[第二段]

同八年五月上旬に、丹後の久美*の浜にて念仏申給けるに、竜、なみの中より出現したりけり。聖のほかは時衆嘆阿弥陀仏、結縁衆たかはたの入道といふものこれをみる云々。

畋猟漁捕　狩りや漁。

復　原文は「複」。

久美の浜　京都府熊野郡久美浜町。

それより他所へうつり給けるみちにて、おきのかたをみ給て、「たゞいまの竜の供養をなさむとするぞ、供養には水を用る事也、たゞねれよ」との給ければ、やがて雨ふり雷なりて人みなぬれにけり。

又、同年但馬国のくみといふ所にて、海より一町あまりのきて道場をつくりたりけるに、おきのかたより電のするをみ給て、「竜王の結縁にきたるぞ」との給て、日中をはじめ給に、風雨雷電し、なみあらく、しほさして道場にみちいる。行道しけるひとのもゝのほどまでひたりにけり。道具とりのけなどしければ、聖制して、みなぬれて行道す。行法おはりければ、塩もとのごとくになりぬ。年来しほのいる事もなき所なれば、人あやしむ事かぎりなし。

千観内供、法を修し給し庭には、金竜かたちをあらはして甘雨をくだし、法然上人戒をとき給し砌には、青竜身を化して瑞

*くみ　美含(みくみ)、城崎付近か。

*千観内供　橘敏貞の子。園城寺に入り、運昭につき顕密を学び、のち摂津国箕面に移り浄土教の信仰に入り、永観元年(九八三)十二月歿した。内供は内供奉の略。

雲にのぼりき。いはむや、念仏の一門は利益末法にあまねくして、五趣ひとしく帰する事を。三塗勤苦中にしても、この光にあふものはかならず解脱をかうぶる。竜神の影向、かたぐ\~そのゆへ侍けるにや。

因幡国をめぐり給ひけるに、或老翁結縁のこゝろざしふかしといへども、供養のちからをよばずして、ものぐさといふものを四十八つくりて、哥をそへてぞたてまつりける。

はきものゝあとをしるべとつたねつゝ
いつかまいらん弥陀の浄土に

ひじり「つたねつゝはめづらしきことば、ものぐさは又ありがたきこゝろざしなり、返事せむ」とて、
はきものゝものぐさげにはみゆれども
いそ〳〵とこそみちびきはせめ

又ある人のかさをきたるを制せられてとがめければ、

五趣 五悪趣（天上・人間・畜生・餓鬼・地獄）。
三塗 三悪道（地獄・畜生・餓鬼）。

ものぐさ 草履の一種、足半（あしなか）草履。

ひらくべきこゝろのはなのみのために
つぼみがさきることをこそいゑ

又或人、かきのはかまを裂裟のためにとてたてまつりければ、
けさのぢにおくればやがてかきばかま
　しぶの弟子ともたのみける哉

伯耆国*おほさかと申所にて、雪の中にひとりうづもれ給て、
つまばつめとまらぬ年もふるゆきに
　きへのこるべきわが身ならねば

[第三段]

　美作国一宮にまうで給けるに、けがれたるものも侍るらむとて、楼門の外におどり屋をつくりておきたてまつりけり。それをたちて、かなもりと申所にはしたりけるに、彼社の一の禰宜夢にみるやう、「一遍房を今一度請ぜよ、聴聞せん」としめ

*おほさか　鳥取県西伯郡中山町逢坂。

*美作国一宮　中山神社。岡山県津山市西一宮字長良嶽に鎮座。慶雲四年（七〇七）創建。

*かなもり　岡山県勝田郡勝北町西中。

し給。又、御殿のうしろの山のおびたゞしく鳴動しけるを、「何事ぞ」とゝへば、「大明神は法性の宮におはしましつるが、御聴聞にいらせ給なり」といふ。又、御殿のしたには大蛇どもかずをしらずありとみてさめぬ。このゆえに、かさねて召請したてまつりて、このたびは非人をば門外にをき、聖、時衆等をば拝殿にいれたてまつる。時にみごくのかまおびたゞしくほへて、二三町ばかりきこゆ。宮つかさも不思議の思をなして、みこをめしてうらなはするに、「われこの聖を供養せんとおもふ。このかまにてかゆをしてたてまつれ」と御託宣ありけり。すなはち、粥をして供養したてまつりければ、かまやがてほへやみにけり。

〔第四段〕

北国をまはりて、弘安九年天王寺へ参給。かのおりふし、毎

みごくのかま 神御供（みごく）の釜。釜で湯をわかし、釜鳴りの音を聞き吉凶をうらなう釜鳴神事。

日にいだしたてまつる御舎利、つぼの中にとゞまりていで給はぬ事、累日になりけるを、執行*申旨ありければ、聖、七日祈請していだしたてまつるに、三粒の御舎利こと〴〵く出現し給へり。常住の僧侶奇異のおもひをなし、参詣の尊卑渇仰のまことをいたせり。かくて参籠日数をかさね給あひだに、或時には瑞華風にみだれ、或時は霊雲そらにたなびく。凡(およそ)奇特おほしといへども、くはしくしるすにおよばず。

［第五段］

　天王寺をいで、住吉にまうで給に、社壇の様かみさびて、ちぎかたそぎの宮づくり、松風うらなみのをとまでも心すみて、異敵を伏せんがために面を三韓にむかへ*、戦場になぞらへて社を四重にかまへ給へる事がら、いとたふとく侍りければ、ことに法施をたむけて、これより又、和泉国へうつり給けるとて、

執行　法務・諸務の長。

住吉　大阪市住吉区にあって、摂津国一宮。海上守護の神。

三韓　古代朝鮮の南端にあった馬韓・辰韓・弁韓の総称。

つのくにの難波のうらをいでしより
よしあしもなきさとにこそすめ
うちなびくひともとすゝきほのぐ〜と
みたがへてこそよしあしといへ
さて、太子御墓に参て三日参籠し給。第三日々中の後、御廟を拝し給時、奇瑞ありければ、他阿弥陀仏一人にしめしてかさねて日中の礼讃を勤行し給。のちに住侶宗円・豪海両阿闍梨、天王寺にまいりてこの事を聖にとひたてまつりければ、事の様をかたり給て、「この事、不信のともがらありて疑謗をなさば中〳〵よしなかるべし。たとひ後記にはとゞむとも、披露はあるべからず」とおほせられけり。 *高野大師の御記云、「西土之三尊、垂=権跡於馬台=、東家之四輩、成=菩提於安楽=」(西土の三尊は権跡を馬台に垂れ、東家の四輩は菩提を安楽に成ず)と侍る事、おもひあはせられ侍りけり。

太子御墓　大阪府南河内郡太子町にあって、磯長陵と称し、廟堂を叡福寺という。

高野大師の御記　弘仁元年(八一〇)撰述と伝える『上宮太子廟参拝記』を指す。

西土之三尊　西方極楽浄土の阿弥陀仏・観音菩薩・勢至菩薩。

聖一面の鏡をたてまつり給ふ。いまに太子の御帳のうしろにかけられたり。起信論には鏡をもて四種の大義をあらはし、弘決の中には鏡をもて一乗の全喩とせり。又、密経には鏡をもて観音の三昧耶形とす。観経には鏡をもて仏力観成の密意をしめす。さだめてふかきこゝろ侍りけらし。

太子御廟より当麻寺へ参給。この寺は、天平宝字七年に弥陀・観音化現して、けちすのいとにてをり給へる極楽の曼陀羅安置の勝地なり。彼偈頌云、「往昔迦葉説 ₂ 法所、今来法起作 ₂ 仏事 ₁、郷懇 ₃ 西方 ₁、故我来、一人是場 ₂ 永離 ₁ 苦」(往昔迦葉の法を説く所、今来りて法起仏事を作す。郷西方と懇ろなるが故に我れ来る、一たび是の場に入れば、永く苦を離る)文。まことにありがたき霊地にこそ侍れ。されば平家南都をせめけるとき、当寺の諸堂み な同くやきはらひけるに、曼荼羅堂一宇のこれり。あやしみて是をみるに、檐のしづくしたゝりて砌をうるをせり。法雨くだ

起信論 『大乗起信論』一巻。インドの馬鳴作という。

弘決 荊渓湛然著『摩訶止観輔行伝弘決』。

観経 『観無量寿経』一巻。

当麻寺 奈良県北葛城郡当麻町にあり、本尊は一面観音。本堂は曼荼羅堂と呼ばれ、藤原豊成の娘中将姫が蓮糸で織ったと伝える「浄土曼荼羅」を安置する。偈頌 『当麻曼荼羅縁起』などに出る。

迦葉説法 『華厳経』を指す。

法起 原文は「法喜」とあるが、『華厳経』に見える法起菩薩を指している。

りてそぎけるにや、と不思議なりし事なり。

聖、参籠のあひだ寺僧てらの重宝称讃浄土経一巻をたてまつりけり。この経は本願中将の妃の自筆の千巻のうちなり。かの人は勢至菩薩の化身と申説も侍れば、かたぐ\重物なりとて、秘蔵してもち給たりけるを、最後の時書籍等やき給し時、書写山の住侶に付属し給き。

この霊場にしてかき給へる誓文云、

我弟子等　　　　願従_二今身_一　　　尽_二未来際_一

帰_二入本願_一　　　畢命為_一期　　　不_レ惜_二身命_一

不_レ行_二善悪_一　　　如_レ此行人　　　一向称名

観音勢至　　　　五々菩薩　　　不_レ説_二善悪_一

証誠諸仏　　　　昼夜六時　　　阿弥陀仏

無_二暫離時_一　　　慈悲護念　　　六方恒沙

不_レ遇_二横死_一　　　身無_二苦痛_一　　　如_レ影随_レ形

　　　　　　　　　　　　　　　令_二心不_レ乱_一

　　　　　　　　　　　　　　　不_レ受_二横病_一

　　　　　　　　　　　　　　　心_不_二錯乱_一

　　　　　　　　　　　　　　　心身安楽

*称讃浄土経　具名は『称讃浄土仏摂受経』一巻。玄奘が漢訳したもので、『阿弥陀経』の異訳。

*書写山　兵庫県姫路市書写にあって、円教寺は永延二年(九八八)性空が創建。本尊は如意輪観音、西国三十三ヵ所第二十七番札所。

第八

如[レ]入[二]禅定[一]　命断須臾　聖衆来迎　乗[二]仏本願[一]
往[二]生極楽[一]
〔我れ弟子等　願はくは今身より　未来際を尽すまで　身命を惜しまず　本願に帰入し　畢命を期として　一向に称名か　善悪を説かず　善悪を行せず　かくの如きの行人は　本願によるが故に　阿弥陀仏　観音・勢至　五五の菩薩　無数の聖衆　六方の恒沙　証誠の諸仏　昼夜六時に　相続して間(へだて)なく　影の形に随ふが如く　暫くも離るる時なく　慈悲護念したまへ　心をして乱れざらしめ　横病を受けず　横死に遇はず　身に苦痛なく　心錯乱せず　心身安楽にして　禅定に入るが如く　命断えなば須臾に　聖衆来迎したまへ　仏の本願に乗じて　極楽に往生せん〕

一遍聖絵　第九

弘安九年冬のころ、八幡宮に参じ給ふ。大菩薩御託宣文云、往昔出家名法蔵、得名報身住浄土、今来娑婆世界中、即為護念々仏人（往昔出家して法蔵と名づけ、名を得て報身となり浄土に住す。今娑婆世界中に来たり、即ち念仏人を護念すと為す）文。

同御詠云、

　極楽にまいらむとおもふこゝろにて
　南無阿弥陀仏といふぞ三心

因位の悲願、果後の方便、ことごとく念仏の衆生のためならといふ事なし。しかあれば、金方利の月をあふがむ人は、頭を南山の廟にかたぶけ、石清水の流をくまむたぐひは、心を

八幡宮　石清水八幡宮。京都府八幡市高坊にあって、男山八幡宮ともいい、貞観元年（八五九）宇佐八幡を勧請、平安京の守護神。

法蔵　法蔵菩薩が四十八の大願をおこし、修行の結果、阿弥陀仏となる。

三心　至誠心・深心・廻向発願心。

果後の方便　成仏後の衆生済度。

金方利　極楽浄土。

南山の廟　八幡宮。

西土の教にかけざらむ*や。
よどのうへのと申所におはしまし〻時、*大炊御門の二品禅門うちわをもち給たりける|るに|、とりえのいさゝかけがれて侍りける、こゝろにかゝりて思給けれども、もちておはしたりけるに、聖うちみたまひて、なにといふことはなく扇をこひて、こがたなにてえをけづりてかへしたまひたりけり。

〔第二段〕

又、天王寺にして歳末の別時をはじめ給。凡別行の時は時衆の過現の業報を知見し・信心の浅深をかゝみ給事侍き。過去の事は人しらずといへども、今生のしわざすこしもたがふ事侍らず。かゝりしほどに、聖、いかゞ思給けむ、「かやうのことこその詮なし」とて、その別時よりは無言にて行じ給けり。
しかるに丹波国に山内入道と申もの、善光寺へまうでむとて

* よどのうへ 京都府向日市上植野、大山崎町下植野のあたり。木津・宇治・桂の三川が合流したところが淀。

* 大炊御門の二品禅門 大炊御門家は藤原北家師実流で、京極経実を始祖とし、弘安九年(一二八六)時、大炊御門を称し、二位に叙せられた人に、藤原信嗣と冬嗣がいた。両人は冬忠の子で兄弟。そのうちの一人であろう。

いでたちけるが、夢想に、善光寺の如来の、「われは一遍房がもとにあるなり。こゝろざしあらばそれへまいれ」とつげさせ給を、妄想にてもやあるらむとて、なをまいらむとしけるに、かさねて霊夢ありければ、聖のもとに参て帰依したてまつり、
「いまは弓箭等を帯すまじき」よし申て、つねに随逐したてまつりしが、この別時に参りたりけるに、聖の給はく、「いまはかやうの事はいはねども、いかに入道は兵具を身にしたがふまじきよし申ながら又もつぞ」との給。入道、「さること候はず」と申けるに、まさしくさるうつぼ、しかぐ〜の弓と手鉾と化現せり。「いかに」と仰られけるとき、当座に懺悔して、「下人等があなづり候あひだ、方便にもちて候也」と申て、さるうつぼと弓と手ぼことをとりいでゝやきすてつ。刀のありけるをばなを大切に思てかくしてもちたるに、又、聖の給く「四寸ばかりなる刀をもちたるをば、などかくすぞ。不当の入道かな。たゞ

いま地獄におちなむず」と教誡し給ければ、なく／＼とりいだして、おりてすて〱けり。そのゝちは、いよ／＼信仰の思ふかくして、最後のたび四国までつきたてまつりて、伊予の窪寺と申所にてつゐに往生をとげたてまつりむべりぬ。

又、世中の勝事、人の臨終の様、かねての給をく事すこしもたがはざりき。城の禅門のほろびける日は、聖、因幡国におはしけるが、空をみ給て、「鎌倉におほきなる人の損ずるとおぼゆるぞ」との給けり。

天王寺に如一上人と申聖おはしき。もとは仏法上人の門下にして、禅門の工夫年序つもり給けるが、後に西山の上人にあひたてまつりて、一向専修の門にいり給へり。この聖とあひたがひに心ざしあさからぬ中にておはしましゝが、廿八日のあした、聖の道場におはして対面し給て、かへりての給けるは、「けふいなばやと思ども、此聖の別行にてあるに、心しづかに結願せ

城の禅門 安達泰盛。秋田城介安達義景の子で、通称城九郎。建長五年(一二五三)引付衆、康元元年(一二五六)評定衆となったが、弘安八年(一二八五)十一月霜月騒動のおり歿した。

如一上人 西山証空の門下で、聖達。

仏法上人 道元禅師。比叡山で天台を学び、のち栄西に禅を受け、入宋し曹洞禅を修め、帰国後越前に永平寺を建立、建長五年歿した。

西山の上人 法然上人の弟子善慧房証空。一遍聖の師聖達。華台はその弟子。宝治元年(一二四七)歿した。

させむと思ふなり」とていとわづらふ事もなくて、つねたちのあけぽのに、頭北面西にて往生し給ぬ。

かねて臨終の事を人のとひたてまつりければ、「父の様にてこそまか覧ずらめ」との給けるに、「ちゝは誰人にておはしますぞ」と申ければ、「三界衆生悉是吾子〔三界の衆生は、悉く是れ吾が子なり〕」ととかるれば、釈迦仏ぞかし」との給けるにたがはず、涅槃像のごとくしてをはり給へり。

聖は別時結願して、とのかたをみいだして、「如一房の往生したるとおぼゆる、ゆきてきけ」とて人をつかはしければ、臨終の所よりは、この事聖につげたてまつらむとて人はしり参けるに、みちにてゆきちがひたりけり。たがひにみなしり給たりけるにこそ。やがておはして見給て、「まことによし。法師もかくこそあらむずれ」との給て、手づから葬送し給けり。年月こそかはるといへども、聖の臨終も廿二日にて侍るべかりしを、

頭北面西 頭を北に面を西に向け、右脇にして臥す。

事のゆゑありて廿三日の暁にのべられき。臨終の躰もすこしもかはらず、同生の契ひとつなりといへども、かゝるためしはありがたきことなり。

[第三段]

さて、天王寺をたちてはりまのかたへおはしけるに、尼崎にて土御門内府(つちみかど)大納言于時をくり給ける、

ながきよのねぶりもすでにさめぬなり
六字のみなのいまの一声

聖

ながき夜も夢もあとなしむつの字の
なのるばかりぞいまの一声

或時よみ給ける哥、

わがと思ひとの心にひかれつゝ

土御門内府 土御門源定実。定実は顕定の子で、弘安九年時、大納言・正二位であった。

をのれとおふる草木だになし
思ふことなくてすぎにしむかしさへ
しのべばいまのなげきとぞなる
我みばやみばやみえばや色はいろ
いろめく色はいろぞいろめく 此哥は深意あるべし
兵庫におはしましける時、光明福寺方丈、
いつまでかいでいるいきをたよりにて
弥陀のみのりの風をつたへん

　　聖
いつまでもいでいる人のいきあらば
弥陀のみのりのかぜはたへせじ

同九年に、いなみの〻教信寺に参給。本願上人の練行の古跡
なつかしく思給ながら、やがてとほり給べきにて侍りけるに、
いかなる事かありけむ、「教信上人のとゞめ給」とて一夜とゞ

光明福寺 兵庫観音堂の別称。ここで一遍聖は歿し、のち真光寺となる。

教信寺 兵庫県加古川市野口町にあって、教信が開基。教信は加古駅に草庵を建て、在俗生活をしながら人びとを教化、阿弥陀丸と呼ばれた。

まり給。人あやしみをなし侍りけり。

[第四段]

　弘安十年のはる、播磨国書写山に参詣給。この寺の縁起云、大聖文殊異僧に化現 $\underline{し}$ て性空上人 誘 云、「山名 $\underline{三}$ 書写 $\underline{二}$ 鷲頭分 $\underline{レ}$ 土峰 $\underline{号}$ $\underline{二}$ 一乗 $\underline{一}$、鶏足送 $\underline{レ}$ 雲、踏 $\underline{二}$ 此山 $\underline{一}$ 者発 $\underline{二}$ 菩提心 $\underline{一}$ 攀 $\underline{二}$ 此峰 $\underline{一}$ 者清 $\underline{二}$ 六情根 $\underline{一}$ 云々」〔山を書写と名づくるは、鷲頭の土を分け、峰を一乗と号するは、鶏足より雲送るるがゆゑに。この山を踏むもの、菩提心を発し、この峰に攀るものは六情根を清むなり〕、

又、天人紅桜の木を礼して唱偈。

　　稽 $\underline{二}$ 首生木如意輪 $\underline{一}$ 　　能満 $\underline{二}$ 有情福寿願 $\underline{一}$
　　赤満 $\underline{二}$ 往生極楽願 $\underline{一}$ 　　百千倶胝心所 $\underline{レ}$ 念

〔生木の如意輪を稽首し、能く有情の福寿の願を満たす。亦往生極楽の願を満たすは、百千倶胝心を忍ずる所なり〕

播磨　原文は「幡磨」。

性空　橘善根の子として生まれ、長じて比叡山に登り良源に師事して天台を学び、康保三年（九六六）書写山に登り、円教寺を開創、寛弘四年（一〇〇七）三月歿した。

鷲頭、鶏足　ともにインドにある山。鷲頭は鷲峰山（じゅぶせん）といい、土舎城の東北にあって釈尊が『法華経』を説いたところといい、鶏足山は釈尊の弟子迦葉がこの山中の洞窟で入定し、弥勒の出世を待つという。

まことにこれ一乗純熟の勝地、六根清浄の霊場也。ひじり渇仰のあまり、本尊を拝したてまつるべき所望ありけるに、「久修練行の常住僧のほか余人すべてこれを拝したてまつることなし。後白河法皇、承安四年に七日御参籠の時、本尊井香水の巌崛叡覧ありしほかは、尊貴高徳を論ぜず、かつて其例なき」よし寺僧申ければ、聖、冥慮をあふぎ祈請をいたして、四句の偈一首の哥をたてまつり給ふ。其詞云、

書写即是解脱山　　八葉妙法心蓮故
性空即是涅槃聖　　六字宝号無生故

〔書写は即ち是れ解脱の山、八葉妙法は心蓮の故に、性空は即ち是れ涅槃の聖、六字の宝号無生の故に〕

かきうつすやまはたかねの空にきえて
ふでもをよばぬ月ぞすみける

本尊納受し給けるにや、寺僧ことさら評定して、「この聖の

一乗　大乗仏教。
六根清浄　眼・耳・鼻・舌・身・意の六つの器官がけがれを払って、身と心が清らかになる。
久修練行　長い期間、仏道を修行する。
後白河法皇　鳥羽天皇の第四皇子、第七十七代天皇、天皇の在位は三年であったが、二十余年にわたり院政をとる。

事は他に異なり、所望黙止しがたし。」とてゆるしたてまつりければ、紙燭さしてひとり内陣にいり給。本尊等を拝したてまつり、落涙していで給りり。人みなおくゆかしくぞ思ひ侍りける。聖のたまひけるは、「上人の仏法修行の霊徳、ことばもをよびがたし。諸国遊行の思いでたゞ当山巡礼にあり」とて一夜行法して、あくれば御山をいで給けるに、春の雪おもしろくふり侍りければ、

　　世にしられたる春のそらかな
身にふればやがてきへゆくあはゆきの

この山をいでゝ、なを国中を巡礼し給。松原とて八幡大菩薩の御垂跡の地のありけるにて、念仏の和讃を作て時衆にあたえたまひけり。

身を観ずれば水のあは　きえぬるのちは人ぞなき
命を思へば月のかげ　いでいるいきにぞとゞまらぬ

紙燭 松の木を長さ一尺五寸ほど、太さ径約三分の棒状に削り、先の方を炭火で黒く焦がし、その上に油を塗って点火するもの。

松原八幡 兵庫県姫路市白浜町に鎮座、天平宝字七年(七六三)石清水八幡宮を勧請。

念仏の和讃 『別願和讃』。和讃は漢讃に対する語で、和語による仏教讃歌の意。

人天善処のかたちは　おしめどもみなとゞまらず
地獄鬼畜のくるしみは　いとへども又うけやすし
眼のまへのかたちは　めしひてみゆる色もなし
耳のほとりのことのは、みゝしゐてきく声ぞなき
香をかぎ味なむる事　たゞしばらくの程ぞかし
いきのあやつりたえぬれば　この身にのこる功能なし
過去遠々のむかしより　今日今時にいたるまで
思と思ふ事はみな　かなはねばこそかなしけれ
聖道浄土の法門を　さとりとさとる人はみな
生死の妄念尽ずして　輪廻(りんね)の業とぞ成にける
善悪不二の道理には　そむきはてたる心にて
邪正一如とおもひなす　冥の知見ぞはづかしき
煩悩すなはち菩提ぞと＊　いひて罪をばつくれども
生死即ち涅槃とは＊　きけども命をおしむかな

菩提　さとり。

涅槃　さとり。

第九

自性清浄法身は　如々常住の仏なり
まよひもさとりもなきゆへに　知もしらぬも益ぞなき
万行円備の報身は　理智冥合の仏なり
境智ふたつもなきゆへに　心念口称に益ぞなき
断悪修善の応身は　随縁治病の仏なり
十悪五逆のつみ人に　無縁出離の益ぞなき
名号酬因の報身は　凡夫出離の仏なり
十方衆生の願なれば　ひとりももるゝとがぞなき
別願超世の名号は　他力不思議のちからにて
口にまかせて唱れば　声に生死の罪きえぬ
はじめの一念よりほかに　最後の十念なけれども
思をかさねて始とし　思のつくるををはりとす
思つきなむそのゝちに　始をはりはなけれども
仏も衆生もひとつにて　南無阿弥陀仏とぞ申べき

法身　宇宙の理法そのものであり、同時に仏陀の本体と考えられる最高最大の存在。
報身　願と行によって悟った仏。
応身　衆生の機に応じて現われた仏。
別願超世の名号　世に超えすぐれた本願の名号。

はやく万事をなげすてゝ　一心に弥陀をたのみつゝ
南無阿弥陀仏といきたゆる　これぞ思のかぎりなる
此時極楽世界より　弥陀観音大勢至
無数恒沙の大聖衆　行者の前に顕現し
一時に御手をさづけつゝ　*来迎引接たれ給ふ

来迎引接　仏が迎えに来て、極楽浄土へとみちびく。

一遍聖絵 第十

弘安十年、備中国軽部の宿と申処におはしけるに、花のもとの教願、「四十八日結縁せん」と申てつきたてまつり侍りけるが、日数みちければ、むかへの人なんどくだりたりけるに、おりふしわづらふ事ありければ、むかへのものをばかへして、ひとすぢに臨終の用心にてぞ侍りける。病中に、「冷水に有曙の月をいれてのまばや」と、ねがひ物にして侍りけることこそやさしく侍れ。臨終ちかくなりて、聖にたてまつりける哥、

とにかくにまよふこゝろのしるべせよ
いかにとなへてすてぬちかひぞ

花のもと 中世連歌の宗匠の称号で、一時代一人にかぎり朝廷から許された連歌師の頭領。花下連歌のことで、中世寺社のしだれ桜の下でおこなわれた連歌。

聖

とにかくにまよふこゝろのしるべには
なも阿弥陀仏と申ばかりぞ
知識のをしへのごとく、臨終正念にして往生をとげにけり。
花のもとと月のまへの昔のたはぶれまでも、宝樹蓮台の今の縁と
なり侍けるにや。
同年のはる、十二道具の持文をかき給。
南無阿弥陀仏 一遍弟子 当に信用下二十二道具一心上〔当に十二道具を用ゐ
るの心を信ずべし〕
一 引入
南無阿弥陀仏信 無量生命名号法器 心是則無量光仏徳也
〔無量の生命、名号法器たるを信ずる心、是れ則ち無量光仏の徳な
り〕
一 箸筒

十二道具　遊行にあたり所持を許された、最低の仏具・日用品を十二種に分けたもの。

第十

南無阿弥陀仏信 无辺功徳入衆生心 心是即無辺光仏徳也
〔无辺の功徳、衆生の心に入るを信ずる心、是れ即ち無辺光仏の徳なり〕

一 阿弥衣
南無阿弥陀仏信 善悪同摂弥陀本願 心是即無导光仏徳也
〔善悪同じく摂する、弥陀の本願を信ずる心、是れ即ち無导光仏の徳なり〕

一 袈裟
南無阿弥陀仏信 除苦悩法無対名号 心是則无対光仏徳也
〔苦悩を除くの法は、名号に対ぶものなきを信ずる心、是れ則ち無対光仏の徳なり〕

一 帷
南無阿弥陀仏信 化変成風化仏来現 心是則炎王光仏徳也
〔火変じて風と成り、化仏来現したまふを信ずる心、是れ則ち炎王光

〔仏の徳なり〕

一　手巾
南無阿弥陀仏信 一念弥陀即滅多罪　心是即清浄光仏徳也
〔一たび弥陀を念ずれば、即ち多罪を滅するを信ずる心、是れ即ち清浄光仏の徳なり〕

一　帯
南無阿弥陀仏信 廻向囲繞照行者身　心是即歓喜光仏徳也
〔廻向囲繞して、行者の身を照らすを信ずる心、是れ即ち歓喜光仏の徳なり〕

一　紙衣*〔かみこ〕
南無阿弥陀仏信 行住坐臥念々臨終　心是即智恵光仏徳也
〔行住坐臥、念々に臨終を信ずる心、是れ則ち智恵光仏の徳なり〕

一　念珠
南無阿弥陀仏信 畢命為期念々称名　心是則不断光仏徳也

向　原文は「光」。

紙衣　かみぎぬ。かみごろも。厚い和紙に柿渋を数回塗り、日で干したのち、一晩露にさらしもみ柔らげて作った衣。

〔畢命を期とし、念々に称名を信ずる心、是れ則ち不断光仏の徳なり〕

一 衣

南無阿弥陀仏信 _{是人々中}_{芬陀利花} 心是則難思光仏徳也

〔是の人、人中の芬陀利花なるを信ずる心、是れ則ち難思光仏の徳なり〕

一 足駄

南無阿弥陀仏信 _{最下凡夫}_{乗最上願} 心是則無称光仏徳也

〔最下の凡夫、最上の願に乗ずる心、是れ則ち無称光仏の徳なり〕

一 頭巾

南無阿弥陀仏信 _{諸仏密意}_{諸教最頂} 心是即超日月光仏徳也

〔諸仏の密意にして、諸教の最頂なるを信ずる心、是れ即ち超日月光仏の徳なり〕

本願名号中有二衆生信徳一。衆生信心上顕二十二光徳一。他力不思議凡夫難レ思量一。仰唱二弥陀名号一、蒙二十二光益一。
〔本願の名号の中に、衆生の信徳あり。衆生の信心の上に、十二光の徳を顕はす。他力不思議にして、凡夫は思量し難し。仰ひで弥陀の名号を唱へて、十二光の益を蒙るべし。〕

南無阿弥陀仏 一切衆生往生極楽
〔一切衆生、極楽に往生せんことを〕

弘安十年三月一日　　　　　一遍

此行儀は、徒衆ひきぐし給へる始よりさだめられけり。時衆も番帳には僧衆四十八人、尼衆四十八人、そのほかの四部の衆はかずをしらず。又、十二光の箱を作て、道具をいれ給ふ。四接法をもて、機応してたはぶれなどし給しかども、度を失し礼をたがふる事はなかりき。但、しりて信ずるともがらもあり、しらで謗するたぐひもあり、信謗ともに益をうるは大乗の深意なれば、みな度生の因縁ならずといふ事なかるべし。

番帳　僧尼を六時すなわち六番に分け、これを十二光仏に配当し、六時に勤行したときの一連の名簿。

十二光の箱　時衆の所持品等分し、中央に白線、右は青、左は赤、二河白道になぞらえたもので、これを一列に並べ僧尼の座に分けた。

四接法　仏が衆生を救済する布施摂・愛語摂・利行摂・同事摂をいう。

〔第二段〕

同年、*備後の一宮にて、聖人供養のためとて*秦皇破陣楽といふ舞を奏しけり。彼*所には、「つねさまにまはざる曲なり」とぞ申侍りける。この曲は唐大宗の製せられたる四破陣楽のその一なり。聖人の作なれば、そのゆへもや侍けん。

又、同年の秋、*安芸の厳島にまうで給に、内侍等帰敬したてまつりて、臨時の祭をおこなひて妓女の舞を奏しけり。

〔第三段〕

正応元年戊子、伊予へわたり給て、菅生岩屋巡礼し、*繁多寺にうつり給。当寺は昔、当国刺史頼義朝臣、天下泰平衆生利益のためにとて、国中に七ヶ寺をたてられける其一なり。本仏は*医王善逝なり。効験まことにあらたなり。

備後の一宮 吉備津神社、広島県芦品郡新市町宮内に鎮座。

秦皇破陣楽 唐の太宗が秦王であったころ、劉武周を破った勝利の舞楽で、四破陣楽の一。

安芸の厳島 安芸国一宮、広島県佐伯郡宮島町に鎮座、弥山(みせん)の麓にあって宗像三神を祭祀。

繁多寺 畑寺ともいい、愛媛県松山市畑寺町にあって、河野親経が仏堂を創建したのに始まる。

医王 原文は「伊王」。

116

で舞を見る

117　第　十

安芸国厳島神社

聖、三ヶ日参籠して、三部経を奉納し給ふ。この経は親父如仏多年の持経として、西山上人・華台上人の座下にして訓点まのあたりにうけ、読誦功をつむあひだ、相伝の、ち秘蔵して所持し給へるを、末代利益のためにとて施入し給なりけり。　紙表

の上自筆名号書給云々。

　同十二月十六日に、三島に参詣し給。垂跡の濫觴をたづぬれば、文武天皇御宇大宝三年癸卯三月廿三日、あとをたれ給説依二。それよりこのかた五百余廻の鳳暦をかさねて、八十余代の竜図をまぼりまします。不老不死の妙法をかたどりて、迹を三の島にたれ、実修実成の寿量をしめして、嶺を霊山となづく。山たかくそびけて、無上高妙の大智を表し、海ふかくたゝへて、弘誓深重の大悲をあらはす。

　聖の嚢祖越智益躬は当社の氏人なり、幼稚の年より衰老の日にいたるまで、朝廷につかえては三略の武勇を事とし、私門に

三部経　浄土三部経（無量寿経・観無量寿経・阿弥陀経）。

三島　大三島、大山祇神社をいい、伊予国一宮、三島大明神とも呼ばれ、祭神は大山祇神で、海上支配の神。

越智益躬　『日本往生極楽記』に見え、弓の名人で武人としても知られた。越智氏は古代からの伊予の名族。三略　兵書、三巻、三国時代の作という。

かへりては九品の浄業をつとめとす。鬢髪をそらざれども、法名をつき十戒をうけき。つゐに臨終正念にして往生をとげ、音楽そらにきこへて尊卑にはにあつまる。かるがゆへに、名を往生伝にあらはし、誉を子孫の家にをよぼす。

又、祖父通信は神の精気をうけて、しかもその氏人となれり。参社のたびにはまのあたり神躰を拝し、戦場のあひだには、かねて雌雄をしめし給き。

これによりて、聖、遁世修行のみちにいで給へりといへども、垂跡の本地をあふぎて法施たてまつり給て、かへりたりけるに、同二年正月廿四日、供僧長観に夢想の告あり。大明神とおぼえさせ給て、束帯にて御宝殿の正面の広縁に、西むきにたゝせ給て、おほせられけるは、「古は書写の上人この処にまうで、説戒ありしによりて、鹿の贄をとゞめおはりぬ。いま、一遍上人参詣して桜会の日、大行道にたち大念仏を申。この所にして衆

桜会 春桜の咲くころ、社寺で法会を営み、そのあと花見の宴を開く。三島では毎年旧暦二月九日桜会の御神事を行なった。

生を済度せしめむとするなり、これに値遇合力せざらん輩は後悔あるべし」と云々。

又、同廿七日、地頭代平忠康示現をかうぶる詞大略これにおなじ。そのほか、夢想をかうぶるものあまたありけり。「聖を召請せよ」とじめされけるに、僧供のなきよしを申ければ、「桜会の料物をもちて供養すべし、それかなはずば太刀をうれ」などくはしくしめさせ給けるによりて、同二月五日、召請したてまつる。よて、同六日参詣し給。御縁日たるによりて同九日桜会をこなふ。

大行道の最中に、御宝殿のうしろにして、聖、昔大明神とあらはれ給し山をみあげて、「一遍をばなにの要にめしけるぞと思たれば、贄をとゞめさせんためにてありけり」。このほか夢想にしめされける事どもいまだきゝ給はざるに、聖の詞、一もたがはず。

「元三霜月の経営魚鳥をとゞむべし」。

人みな申けるは、「昔をおもへば、永観二年に叡山の湛延ならびに性空上人あひともに参詣し給て、七日説戒し、不殺生戒を授たてまつられし時、御宝殿振動して随喜随言不殺〔随喜随言して殺さず〕と唱給御音ありき。それよりこのかたの恒例の贄を留給て、仏経供養を行るゝところなり。いまゝた霊夢のつげ、昔にかはらず感応のおもむきあらたなるうへは」とて、まいりあへる神官、国中の頭人等、已上廿七人夢の告ならびに聖のをしへにまかせて、制文を書て、連判をくはへて記録にそなへ畢ぬ。

湛延 比叡山の阿闍梨であったが、生歿年は未詳。

一遍聖絵 第十一

 正応二年、讃岐国にこへて善通寺・曼陀羅寺巡礼し給て、阿波国にうつり給。聖、いかゞおもひ給けむ、「機縁すでにうすくなり、人教誡をもちゐず。生涯いくばくならず死期ちかきにあり」との給けるを、人々あやしみおもひけるに、いくほどなくして、大鳥の里河辺といふところにて、六月一日より心神例に違し、寝食つねならづおはしましけるに、
　　おもふことみなつきはてぬうしとみし
　　　よをばさながら秋のはつかぜ
この詠につきて、時衆ならびに参詣の人〴〵もいよ〳〵心ぼそくぞおぼえける。しかるに病悩は日をかさねてまさるといへど

善通寺 香川県善通寺市善通寺町にあって、空海の誕生地に空海が帰唐後、父佐伯善通の邸を寺とし、大同二年（八〇七）創建したという、弘法大師三大霊場（東寺・金剛峯寺とともに）の一。

曼陀羅寺 善通寺市吉原にあって、空海の修行地で、出釈迦寺といい、佐伯氏の氏寺。

大鳥の里河辺 徳島県麻植郡鴨島町敷地字宮北に、史跡「河辺寺跡」があり、その付近か。

第十一

も、行儀は時ををひとさらにかはる事なし。七月のはじめに阿波の国をたちて、淡路の福良の泊にうつり給とて詠じ給、

きへやすきいのちはみづのあはぢしま
山のはなから月ぞさびしき

あるじなきみだのみなにぞむまれける
となへすてたるあとの一声

当国に二宮とて往古の神明まします。霊威あらたにて賞罰はなはだし。本は西むきにおはしましけるが、海上にすぐる船人等をろかにして礼なければ、たゝりをなし給によりて、南むきになしたてまつれりけり。縁起つたはらざれば、垂跡のおこりたしかにならず。本地を春のあらしにたづぬれば、松栢蕭滁としてものいはず、和光を秋の月にとぶらへば、雲雨眇茫としてさだめがたし。祝部「わづかにつたへて伊弉冊尊(いざなみのみこと)にておはしま

淡路の福良の泊 兵庫県三原郡南淡町にある港。淡路、原文は「淡治」。

二宮 兵庫県三原郡三原町幡多にある淡路国二宮大国魂神社。

踊り念仏

125　第十一

阿波国での

す」とぞ申ける。聖、おほせられけるは、「出離生死をばかゝる神明にいのり申べきなり、世たゞしく人すなをなりし時、勧請したてまつりしゆえに、本地の真門うごく事なく、利生の悲願あらたなるものなり」と。さて聖、やしろの正面に札をうち給へり。

名にかなふこゝろはにしにうつせみの
　もぬけはてたる声ぞすゞしき

聖戒、淡州修行の時もこの札なを侍りき。かのいはほのうへにうつしをかれけむ半偈の文もかくやとおぼえて、感涙をさへがたかりき。

〔第二段〕
同国しつきといふ所に、北野天神勧請したてまつれる地あり。聖をいれたてまつらざりけるに、

半偈　『涅槃経』十四に出る釈尊の前生譚に見える「諸行無常　是生滅法　生滅滅已　寂滅為楽」の後半偈を指す。

北野天神　兵庫県津名郡津名町志筑に鎮座。

第十一

よにいづることもまれなる月景に
かゝりやすらむみねのうきくも
といふ哥、社壇に現じたりければ、このゆへにや、いそぎいでたてまつりぬ。聖、ことに信敬の掌をあはせて法施たてまつられけり。

凡天神は西土補助の薩埵として、蓮台を迎接の砌にかたぶけ、東域垂権の明神として、華夷を安寧の世にまぼり給、現当の利益ならびなければ、尊卑の帰依たゆる事なし。
仁和寺の僧西念、臨終の事を熊野に祈申けるにも、北野に申べきよし示現ありけり。されば此神は、かりに左遷の名をのこして濁世末代の人をたすけ給のみにあらず、ことに終焉の障をのぞきて、浄土無生の門をひらきましますにこそ、託宣のおもむき、まことにゆえなきにはあらざるべし。

西土補助の薩埵 観世音菩薩。
東域垂権の明神 天神。

〔第三段〕

　そのゝち、なをなやみながら、こゝかしこすゝめありきたまひけるに、みちのほとり、つかのかたはらに、身をやすめ給て詠じたまひける。

　　旅衣木のねかやのねいづくにか
　　　身のすてられぬところあるべき

　此国はさかひせばくして、往反の輩もいくばくならず、結縁のものもなをすくなしとて、七月十八日に明石浦にわたり給ふ。をのゝ洲蘆の夜雨に涙をあらそひ、岸柳の秋風に情をもよをすといふことなし。漁翁釣をたれて、生死の海に身をくるしめ、遊女棹をうつして、痴愛の浪にわかれをしたふさまにも、生者必滅のことはりをしめし、会者定離のならひをぞあらはし侍りける。

　さて兵庫の島より御むかへに舟をたてまつりたりければ、

明石浦　兵庫県明石市。淡路島の対岸にある港。

兵庫の島　神戸市兵庫区にあって、務古水門（むこみなと）・大輪田泊といい、中世島を築き港を改修して兵庫島と呼ばれた。

「いなみのゝ島にて臨終すべきよし思つれども、いづくも利益のためなれば進退縁にまかすべし」とて、兵庫へわたりて、観音堂にぞ宿し給ける。

〔第四段〕

八月二日、聖縄床に坐し、南にむきて法談し給ことありき。其外巽の方に因幡蓮智上人、南に兵庫光明福寺方丈坐せらる。道俗かずをしらず聴聞す。右のわきに聖戒が侍りしに、筆をとらせて法門をしるさせたまふ。清書してよみあげ侍るに、かさねておほせらるゝ様、「我臨終の後、身をなぐるものあるべし、安心さだまりなばなにとあらむも相違あるべからずといへども、我執つきずしてはしかるべからざる事なり。うけがたき仏道の人身をむなしくすてむこと、あさましきことなり」とて落涙し給て、「これをかきをくもこのためなり。よくゝ\用意あるべ

法談　原文は「法淡」。

し」とて十二光の箱におさめられき。

其時、因幡の聖、衆中をみまはして、「此事、人々よく〴〵御存知候へ」とて感歎にたえず、おなじく悲涙をながし給き。

彼遺誡詞云、

*「五蘊の中に衆生をやますする病なし、四大の中に衆生をなやます煩悩なし。但、本性の一念にそむきて、五欲を家とし、*三毒を食として三悪道の苦患をうくること、自業自得果の道理なり。しかあれば、みづから一念発心せずよりほかには、三世諸仏の慈悲も済(すくう)ことあたはざるものなり」云々。

同十日の朝、もち給へる経少々、書写山の寺僧の侍しにわたしたまふ。つねに「我化導は一期ばかりぞ」とのたまひしが、所持の書籍等、阿弥陀経をよみて手づからやき給しかば、伝法に人なくして師と〻もに滅しぬるかと、まことにかなしくおぼえしに、「一代聖教みなつきて、南無阿弥陀仏になりはてぬ

五蘊 すべてのものを成立させている要素(色・受・想・行・識)。
四大 すべてのものを構成している元素(地・水・火・風)。
三毒 善根を害する三つの毒(貪・瞋・痴、むさぼり・いかり・おろかさ)。

との給しは、「世尊説法時将了、慇懃付‹属弥陀名‹」(世尊法を説きたまふこと、時将に了らんとして、慇懃に弥陀の名を付属したまふ)の心にて、「五濁増時多‹疑謗、道俗相嫌不ı用ı聞」(五濁増の時は、疑謗相多く、道俗相ひ嫌うて、聞くことを用ゐず)とあれば、よく〳〵しめし給ひにこそ。

夫八万の正教は有漏の見解を治し、五智の名号は果海の本源を示す。この故に釈尊無際の慈悲、三宝の滅時に念仏を留て、難思の密意をさづけ給ける双樹林下の往生楽も、かくやと思ひでられて、あはれもつきせず、なごりもやるかたなかりしありさまなり。

同十二日より番にむすびて、十五日まで面々各々に随逐給仕したてまつるに、聖の給はく、「こゝろざしのゆくところなればみなちかづきぬ。結縁は在家の人こそ大切なれば、今日より要にしたがひて近習すべし。看病のために相阿弥陀仏・弥阿弥

*五濁 末法の濁れる時代(劫濁・見濁・煩悩濁・衆生濁・命濁)。

陀仏・一阿弥陀仏ちかくあるべし。又、一遍と聖戒とが中に人居へだつる事なかれ」との給。

他阿弥陀仏は一化の間かはる事なき調声にて侍りしうへ、おりふしわづらひありしに、聖「いたはるべし」と仰られしかば、本座をさらずしてゐ給き。それを始として、時衆は此内陣に坐す。但、薗阿弥陀仏・頼阿弥陀仏等四五人は時に随て御そばに祇候(しこう)ありき。

一遍聖絵 第十二

正応二年八月九日より 七ヶ日、紫雲のたち侍を、其由申しかば、「さては今明は臨終の期にあらざるべし。終焉の時にはかやうの事はゆめゆめあるまじき事なり」とおほせられしにたがはず、其後はさやうの瑞相もなかりき。故人の筆に、「諸天無㆑語捧㆑華、魔外不㆑見㆓行蹤㆒(ぎょうしょう)」「諸天語無く華を捧ぐるに、魔外に行蹤を見ず。見ざるは是れ真の出家なり」とかゝれたるもこのことはりなるべし。聖の常の教誡には、「ものゝおぼえぬものは、天魔心にて変化に心をうつして、真の仏法をば信ぜぬなり、なにも詮なし。たゞ南無阿弥陀仏なり」とぞ侍し。

まことに、彼瑞花も紫雲も出離の詮にはたゝぬ事をあらはして、

教誡

135　第十二

最後の

まことの時は見えざりき。過去をしるも未来をしるも、因分の智恵は要なきものにこそ。

聖哥云、

阿弥陀とはまよひさとりのみちたへて
たゞ名にかよふいき仏なり
南無阿弥陀ほとけのみなのいづるいき
いらばゝちすのみとぞなるべき

十七日の酉時ばかり、「すでに御臨終」とて人〴〵さはぎあへり。聖、西にむきて合掌して念仏し給。しばらくありて十念となへ給。其時、聖戒はあからさまに浜にいで〻侍しが、「すでに御臨終」と申あひたりし程に、いそぎまいりたりしかども、人あまた中にへだゝりて、はるかにとをくてみたてまつるに、聖よび給しかば人をわけて参たれば、「かくて存ぜる事、自のため他のため、其詮なければ臨終してみれば、其期いまだいた

らず。たゞ報命にまかすべきか、又しゐて臨終すべきか」との給。御返事に、「かくて御坐候こそ御利益にて候へ。御報命を機縁にまかせらるべきか」と申侍しに、「まことにかくていつまでも御渡候へとこそ人給たりしが、「まことにかくていつまでも御渡候へとこそ人〴〵も思給らめ、又、これにすぎたる御利益やは侍べき」と詞を加給しかば、「さらば」とて本のごとくゐなをり給ぬ。

〔第二段〕

十八日のあした、聖戒をよび給て、「わが目を見よ、赤物やある」とおほせらる。みたてまつるに、赤すぢあり。すなはちあるよしを申に、「そのすぢのうせむ時を最後とおもふべし」々云。

廿一日の日中のゝちの、庭のをどり念仏の時、弥阿弥陀仏・聖戒まゐりたれば、時衆みなこりかきて、あみぎぬきて来るべ

こり 水浴、身をきよめるため水を浴びる。

きよし仰らるゝとき、時衆は庭にをどるよし申せば、「さらばよくをどらせよ」と仰らる。念仏はてゝみなまいりてのち、結縁衆をのけて、門弟ばかり前後に坐せしめ、頭北面西にして念仏し給ふ時、道俗おほくあつまりて、堂上台下さはがしき事かぎりなかりしかば、「いまにてはなきぞ」とて、「人をのけよ」との給ふ。さらばとて時衆をものけ、座席をもなをして、人あへてしづまらず。さらばとて時衆をふれめぐれども、本のごとくなをり給たりしかば、みなしづまれり。

又、在地人に中務入道と申ものまいりて、「今日は西宮の御祭にて候。在地のものども御行に参事にて候が、今日御臨終にて候はゞ、御行にははづれ候べし。いかゞ仕候べき」と申ければ、聖、「さらば今日はのべこそせめ」と仰らるゝ。

又、日中已後しばしまどろみ給たりしが、をどろきて、「たゞいま西宮の大明神の最後の結縁せむとておはしまして、をど

西宮 兵庫県西宮市社家町に鎮座する西宮神社。

ろかさせ給つる」とかたり給ほどに、西宮の神主まゐりて申すやう、「去年、西宮に御参詣の時より知識とたのみまゐらせて候が、御臨終のよしうけ給はりて候てをがみたてまつり、十念うけよいらせむと存候て、神明の祭礼、最後の御供と存じて候なり」と申を、聖きゝ給て、わざと御行よりさきにまゐりて候なり」と申を、聖きゝ給て、なげしの上へと召請し給に、神主かしこまりて侍を、「存ずる旨あり、うへへのぼり給へ。しからずば十念をばさづけ申まじきぞ」とおほせられしかば、うへへのぼりて十念うけたてまつりき。かずとりをさづけ給しかば、給はりていそぎかへりぬ。
ゆへある事もや侍りけん。人に十念さづけ給事、これ最後なり。されば、縁謝即滅のはじめ、利生方便のをはりとて、神もなごりをゝしみ給けるにこそ。六十万人の融通念仏は、同日播磨の淡河殿と申女房の、参てうけたてまつりしぞ、かぎりにて侍し。

御供　原文は「御共」。

播磨　原文は「幡磨」。
淡河殿　神戸市北区淡河町に在地した武士。『遊行上人縁起絵』第五に見える「粟河といふ所の領主なるもの」と同一人。佐介流北条氏時盛の子淡河左京亮時治か。

凡十六年があひだ、目録にいる人数、二十五億一千七百廿四人なり、其余の結縁衆は、齢須(れいしゆ)もかぞへがたく、竹帛(ちくはく)もしるしがたきものなり。

〔第三段〕

　三日に一度かき給こりを、廿日より廿二日にいたるまで三日つゞけてかき給しかば、化をとゞめ給べき事うたがひなく思さだめて、もとは御枕のかたに給仕して侍しが、最後の夜は正面にむかひたてまつりて、いさゝかも目をはなちたてまつらず。

　于時春秋五十一。八月廿三日の辰の始、晨朝の礼讃の懺悔の帰三宝の程に、出入のいきかよひ給もみえず、禅定にいるがごとくして往生し給ぬ。眼の中さはやかに赤物もなし。かねておほせられしにすこしもたがはざるゆへに、これを最後のきざみとしるばかりなり。

かねて臨終の事をうかゞひたてまつる人のありしかば、「よき武士と道者とは死するさまをあだにしらせぬ事ぞ。我、をはらむをば人しるまじきぞ」との給しを、疑をなすともがらも侍りしに、はたしてをはりたがふ事なかりき。このほか病中に不思議おほしといへども、事しげきゆへにこれを記せづ。
　勢至菩薩の化身にておはしますよし、夢想どもあまた侍しに、廿三日にしもをはり給ぬるはあやしきことなれども、いさゝかの霊瑞もある人をば、権者と申すことはその詮なき事なり。
　さても、八月二日の遺誡のごとく、時衆ならびに結縁衆の中に、まへの海に身をなぐるもの七人なり。身をすてゝ知識をしたふ心ざし、半座、同生の縁、あにむなしからむや。はるかに尺尊の涅槃を思へば、身子・目連は悲歎して双林の庭にさきだち、阿難・羅云は憂悩して舎維の砌にとゞまりき。いはむや凡夫をや、たゞ闇に灯をけし、わ賢聖なをしかなり。

身子・目連　舎利弗と目連。ともに釈尊の十大弟子の一人で、舎利弗は智恵第一、目連は神通第一と称された。
羅云　釈尊の十大弟子の一人で、密行第一といわれた羅睺羅。

たりに舟をうしなへるがごとし。

「没後の事は、我門弟におきては葬礼の儀式をとゝのふべからず。野にすてゝけだものにほどこすべし。但、在家のもの結縁のこゝろざしをいたさんをば、いろふにおよばず」と申されしに、在地人等あつまりて御孝養したてまつるべきよし申しゝかば、遺命にまかせてこれをゆるしつ。よりて観音寺のまへの松のもとにて荼毘したてまつりて、在家のともがら墓所荘厳したてまつりけり。

彼五十一年の法林すでにつきて、一千余人の弟葉むなしくのこれり。恩顔かへらず、在世にことなるは四衆恋慕のなみだ、教誡ながくたえぬ。平生におなじきは六時念仏の音ばかりなり。緑樹ものいはざれども、秋の霜、沙羅林の色をうつし、蒼海こゝろなけれども、暁のなみ抜提河*の声をつたふ。双松に嵐をきゝても、たゞ非滅現滅の夕の煙をうらみ、孤島に雲をのぞみ

抜提河 ガンジス河の支流ヒラニャヴァティー河。クシナガラ（釈尊入滅地）付近を流れている川。

ても、はるかに上品上生の暁の月をしたふ。
をの〳〵南浮の再会を期すれば、花の春にもあらず、月の秋にもあらず、たがひに西刹の同生をちぎりて、こゝにわかにかしこにわかれし心のうち、すべて詞のはしにものべがたく、筆の跡にも記しがたくこそ侍しが、まさにいま遺恩をになひて報謝しがたく、往事をかへりみて忘却する事をえず。
しかるあひだ、一人*のすゝめによりて此画図をうつし、一念の信をもよをさむがために、彼行状をあらはせり。絵四十八段をのづから六八の誓願を表す、巻一十二軸、これ二六の妙軆をかたどるなるべし。

抑古人いへる事あり、「老荘之作、管猛之流、蓋以立意為レ宗、不下以二能文一為中本上」〔老荘の作、管猛の流、蓋し立意をもつて宗となし、能文をもつて本となさず〕と、言辞たらずして耳にいるたのしびなしといへども、画図興をなさばなむぞ目をよろこば

*一人「いちじん」と読めば天皇、「いちのひと」なら摂政・関白の地位にあった人の異称。

しむるもてあそびとせざらむ。たゞこれ毀誉ともに縁をむすび、存亡おなじく益をほどこさむとなり。たとひ時うつり事さるとも、もし古をたづね、あたらしきをしらば、百代の儀表、千載の領袖にあらざらむかも。

正安元年己亥八月廿三日西方行人聖戒記之畢

　　画図　　法眼円伊

　　外題　　三品経尹卿筆

応安二年己酉卯月三日破損之間修補之畢于時僧阿 于時満願寺住持

延徳四年壬子六月廿三日及大破間修理之　覚阿

解説

一 一遍聖出世の背景

一遍聖は、承久の乱十八年後の延応元年(一二三九)に生まれ、文永十一年(一二七四)成道し、遊行回国すること十五年、正応二年(一二八九)歿した、鎌倉中期の僧であった。同時代の人に日蓮や忍性・良忠がいた。

鎌倉時代に、社会の要請と民衆の心からなる要望によって発達した仏教を鎌倉仏教と呼んでいるが、そのさきがけをなしたのは法然上人であり浄土宗であった。法然上人が浄土宗を開いたのは承安五年(一一七五)であったから、法然上人から一遍聖までの間はおよそ百年間あった。百年間に次々に新しい宗教が生まれ育った。それを時期的にみると三期に分たれ、第一期に法然上人の浄土宗と栄西禅師の臨済宗、第二期に親鸞聖人の浄土真宗と道元禅師の曹洞宗、第三期に一遍聖の時宗と日蓮聖人の日蓮宗(法華宗)がお

こった。これらは鎌倉六宗と呼ばれている。

六人の祖師のうち、法然と親鸞と一遍は、救済の論理を浄土教に求め、念仏を手段とし、栄西と道元は禅、日蓮は唱題によって教えを弘めた。浄土教でいえば法然上人は行を重視して命終のときまで念仏をとなえることを要求し、親鸞聖人は阿弥陀仏の本願を信じさえすれば往生できるといって信よりも信という立場をとり、一遍聖は遊行と賦算(ふさん)、それに踊り念仏によって教えを全国に弘めることを念じ、北は江刺(えさし)から南は大隅国まで、十五年の間、一日として休むことなく回国した。こうした人たちによって、釈尊の説かれた教えは津々浦々にまで弘まり、日本人の血となり肉となって人びとに迎え入れられた。

建久三年(一一九二)成立した鎌倉幕府は、源頼朝の死をきっかけに、その実権は次第に執権職についた北条氏の手にゆだねられ、内部抗争が加わり弱体化の傾向をたどっていった。こうしたときにおきたのが承久の乱であり、不動であったはずの幕府に動揺がきたした。しかし、乱は北条政子の機転もあり、幕府方は勝利をおさめたが、これを機会に幕府は天皇の動静にまで口をはさむことになり、京都に六波羅探題をおき、朝廷の

動きを監視した。

戦乱から世が平静になるにつれ、産業は都市にも村落にも発達し、職人は人びとの求めに応じて生産し、品物は市場を交易場に商人が売りさばくようになり、生活必需品が出まわり、貨幣の流通もおこなわれた。

こうしたさ中におきたのが、文永十一年と弘安四年(一二八一)の二度にわたる蒙古の来襲(元寇)であった。元寇は日本軍の苛烈な反撃と、吹き荒れた暴風雨のため、元は日本進攻の目的をはたすことなく、事なきを得たが、こうした世相を背景に一遍聖は全国を遊行し、踊り念仏を修した。鎌倉仏教をきり開いた祖師のなかでは、一遍聖の宗教は行動的であった。人が訪ずれてくるのを待つのではなく、こちらから積極的に働きかけ、手をさしのべるといった行動性をともなっていた。

自ら求め究めた教えを世の多くの人たちに弘めることを使命とした一遍聖の教えは、不安な世相に迎え入れられた。不安を解消したいがために、身体を動かして踊り、念仏をとなえるといった踊り念仏が、民衆のあいだに迎え入れられた。踊り念仏は「宗教的歌声運動」と表現する人もいるが、踊り念仏をとおして連帯感が強まり、個人的にはエ

クスタシーを感じることによって解放感を味いたいという願いが、踊り念仏を流行させていった。この踊り念仏が、盆踊りの源流ともなった。

二　一遍聖の生涯

一遍聖は、延応元年伊予国風早郡河野郷別府に住していた河野七郎通広入道如仏の子として生まれ、幼名は松寿丸。宝治二年（一二四八）母と死別したのが縁で、天台を宗とした継教寺で出家し随縁（ずいえん）と名乗ったが、建長四年（一二五二）九州におもむき聖達や華台に師事して浄土宗西山義を学び智真と名を改めた。父の死後、帰国し一時還俗、武士としての生活をおくったが、再度出家し、文永八年（一二七一）信濃国善光寺に参籠。ここで感得の二河白道を図示した本尊を、帰国後浮穴郡窪寺の庵室に掲げ、六十万人偈、同十一年には紀伊国熊野本宮に参籠して安心を得、一遍と名を改め、以来自行から化他に移り、遊行の途についた。

熊野本宮では念仏賦算の啓示を受け、そのおもむきを十一不二偈、作詩した。時宗教団では文永十一年を成道（開宗）の年としている。

熊野をあとにした一遍聖は、建治二年（一二七六）九州を遊行し、大隅国の正八幡宮に

詣でたのち、豊前国では大友兵庫頭頼泰の帰依を受け、のちに二祖をついだ他阿弥陀仏真教が入門した。弘安元年（一二七八）には四国から備前国に渡り、吉備津宮神官の子息夫妻ら二百八十余人が出家して、一遍聖に随従し遊行しながら修行する道時衆と、在俗のまま帰依し、その地に在住する俗時衆の区別が生まれ、翌二年には京都を経て信濃国に入り、佐久郡伴野で踊り念仏を修した。

遊行と、「南無阿弥陀仏 決定往生 六十万人」と書かれた念仏算を縁ある人に賦る賦算、踊り念仏は教団の基本的行儀であり、同三年には東奥羽を北上し江刺に至り、祖父通信の墳墓を訪ね、転経念仏した。

以来、正応二年まで十五年間、北は奥州江刺から南は大隅国まで、西奥羽・北陸道・南四国を除き、日本各地を時衆とともに遊行し、同年八月二十三日摂津国兵庫の観音堂で歿した。時に五十一歳であった。

　　三　『一遍聖絵』と編者聖戒

一遍聖の伝記として知られているものは『一遍聖絵』十二巻と、『遊行上人縁起絵』

（一遍上人絵詞伝）十巻（うち前四巻は一遍聖の、後六巻は真教の伝記）であり、それに一遍聖の弟子真教の『奉納縁起記』に、名のみとどめて現存していない『一遍上人行状絵』十巻があった。『行状絵』は真教が自ら筆をとり掃部助入道心性と、その子藤原有重が絵を描き、嘉元四年（一三〇六）熊野本宮に納めたといわれているもので、この『行状絵』を除けば『聖絵』と『縁起絵』の二本の系統しか現存していない。このことは法然上人に室町期以前に成立したものだけでも十数本の伝記があり、しかも同系統に属するると考えられるものがほとんどないのと対蹠的である。両本のなかで、最も史料的価値の高いのは『一遍聖絵』である。

『聖絵』の原本は京都六条道場歓喜光寺（現・京都市山科区大宅町奥山田、第七巻の絵のみは東京国立博物館）に伝存していたが、現在は藤沢清浄光寺（遊行寺）と歓喜光寺の共同管理となっている。絹本で、縦およそ三四・五センチ、詞書の部分は色紙継ぎのように、赤・緑・黄・白・茶などの絵の具を絹に塗り料紙とするといった、平安期絵巻物の名残りを色濃くとどめている。

その奥書には「正安元年（一二九九）八月廿三日　西方行人聖戒記之畢、画図法眼円伊、

外題三品経尹卿筆」と記されているので、正安元年一遍聖の入滅後十年にして成立したものと考えられ、内容的には僅か十三歳の一遍聖が生家をあとに九州に師を求めて修行に出る光景にはじまっている。
ついで善光寺・窪寺・菅生の岩屋など、一遍聖の思想的発展を物語るかずかずの事跡を描き、高野山から熊野に至り権現から神託をうけるまでの悟道の過程を明示し、以来諸国を遊行し、正応二年八月入滅するまでの宗教活動を、偈頌(げじゅ)・縁起・和歌・和讃など織りまぜ、流麗な文章でこと細かにつづっている。なかでも臨終の段のごときは『縁起絵』が僅か巻四の第五段だけしかあてていないのに、第十一の最後の段から第十二のすべてをこれにあてているのは、人間一遍のすがたを描きだしたものとみてよいであろう。
このことは、また末尾に、
彼五十一年の法林すでにつきて、一千余人の弟菓むなしくのこれり。恩顔かへらず、在世にことなるは四衆恋慕のなみだ、教誡ながくたえぬ。平生におなじきは六時念仏の音ばかりなり。緑樹ものいはざれども、秋の霜、沙羅林(さらりん)の色をうつし、蒼海こゝろなけれども、暁のなみ抜提河の声をつたふ。(中略)たがひに西刹の同生をちぎりて、

こゝにわかれ、かしこにわかれし心のうち、すべて詞のはしにもものべがたく、筆の跡にも記しがたくこそ侍しが、まさにいま遺恩をゆいおんをになひて報謝しがたく、往事をかへりみて忘却する事をえず(第十二)

と記された、編者の慕情ともいうべき師一遍聖に対する感情が、生き生きと写しだされていることによっても知ることができる。

編者聖戒は一遍聖と極めて血縁的に近い関係にあったので、『聖絵』には殊更に親近感に満ちた記述をしている。聖戒は文永八年を去ること、あまりへだたらないころ、一遍聖にしたがい、太宰府におもむき聖達の門に入り「あひしたがう身となり《聖絵》第一)、同十年七月にはただ一人一遍聖に随従して、「観音影現の霊地、仙人練行の古跡」菅生の岩屋に参籠している。ここで修行したのち、聖は「ながく舎宅田園をなげすて、恩愛眷属をはなれて、堂舎をば法界の三宝に施与し、本尊・聖教は附属をうけたてまつりき。わづかに詮要の経教をえらびとゝのへさせて、修行随身の支具となされ侍き」と述べているように、「修行随身の支具」となる「詮要の経教をえらび」、他の一切の本尊・聖教を聖戒にゆずり、翌十一年二月八日超一・超二・念仏房ら三人の同行をと

解説

もない、伊予国を出立した。

聖戒は、菅生の岩屋について詳細に記しているところをみると、聖の付属を受けて永くここに留まっていたと思われ、聖戒にとって菅生は記念すべき因縁の地であったようである。聖戒は、二人の子供をつれた女性とともに見送り、聖戒はすぐそのあとを追い五、六日ばかり同行したのち、桜井で「同生を花開の暁に期し、再会を終焉の夕にかぎりたてまつ」って別れている(第二)。二人の子供をつれ見送った女性は聖戒の母で、一遍聖にとっては継母にあたる人であったらしい。一遍聖が九州におもむいたのち父通広が娶ったのが見送っている女性で、通広の後妻であり、聖戒の生母。したがって一遍聖と聖戒には十歳ほどの年齢差があった。聖戒がたとえ五、六日であったにしても何故随従しなければならない状況にあったかは知るに由ない。

このとき一遍聖と聖戒は「師弟の現当の約」を結び、「臨終の時はかならずめぐりあふべし」と約束し、聖は「名号をかき」十念を授けている(第二)。その後、同十一年六月十三日聖は「たよりにつけて消息」をしたため、「念仏の形木(かたぎ)」を付属し結縁あるべきよしを、こまかに説示されたが、聖戒がいつごろ聖に再会し随従するようになったか

は明らかでない。しかし、建治元年(一二七五)秋のころ「有縁の衆生を度せんため」本国に帰り、国中あまねく勧化したのち、再び翌年にも「事のゆへありて」伊予国を通っているところからみると(第三)、建治二年のころ随従するようになったのであろう。「事のゆへ」が何を意味するか明示していないが、思うに一遍聖は「有縁の衆生」である聖戒を教化しようとして伊予国に留錫したが、すぐにも返事ができないような状態であったため、翌年再度入門をすすめに来錫したらしい。ここで、聖戒がはっきりと入門の事実を記していないのは、すでに現当の約を結んでいるからには、わざわざ入門をする必要はないと認めたからではあるまいか。

越えて正応二年八月、もはや遊行もこれまでと兵庫の観音堂に入ってより以後、聖戒の名はしばしば見えかくれしている。聖戒の名が、明らかに『聖絵』の上にあらわれてくるのは八月二日のことで、この日聖戒は一遍聖の右脇に侍り、聖の口述するところを筆にとり法門の要をしるし、十五日には時衆たちの集ったところで、聖は「こゝろざしのゆくところなればみなちかづきぬ。結縁は在家の人こそ大切なれば、今日より要にしたがひて近習すべし。看病のために相阿弥陀仏・弥阿弥陀仏・一阿弥陀仏ちかくあるべ

し、又、一遍と聖戒とが中に人居へだつる事なかれ」(第十一)といい、看病のため近くにやってきなさい。結縁するということは、在家の人こそ大切なことです、きょうからは必要に応じ、近くで奉仕して結構ですが、一遍聖と聖戒とのあいだには分け入らぬように、と言っている。

そして十七日の酉時、浜に出たところ御臨終だといって、人びとが騒いでいたので、聖のもとに急ぎ行ってみると、聖は聖戒に「かくて存ぜる事、自のため他のため、其詮なければ臨終してみれば、其期いまだいたらずたゞ報命にまかすべきか、又しゐて臨終すべきか」と教示したとか、翌十八日には聖戒を呼びよせ、「わが目を見よ、赤物やめる」といい、また二十一日の日中、踊り念仏を修したとき、聖戒が聖のもとに参ると「時衆みなこり(垢離)かきて、あみぎぬ(阿弥衣)きて来るべきよし」をことづけているように(以上第十二)、第十一から第十二にかけて、『聖絵』は殊更に一遍聖と聖戒との関係を説き、中でも八月十七日一遍聖が西に向って合掌し、自ら臨終を待っている場面では、たがいに凝視しあい、聖戒はのりだして何事か答えているかのようである。しかも、二人は真剣そのもので、心なしか顔かたちはよく似ている。瓜二つといった方がよ

いかもしれない、それほどよく似ている。

聖と聖戒との関係について『開山弥阿上人行状』には聖戒は「予州河野家の嫡孫」であるとし、『越智系図』は聖の弟通定にあてている。一遍聖の入滅後僅か十年しかたっていないころの成立である『一遍聖絵』のなかに、相似の面貌を描かしめたからには、初期教団にはその事実を知っていた人もいたであろうことを考慮に入れてみたとき、それは事実であったとみて大過あるまい。

通常、聖戒は弥阿弥陀仏と号したといわれているが、『聖絵』には終始聖戒として記され、京都宝菩提院旧蔵（京都大原野勝持院現蔵）の聖徳太子像（像高七七センチ）の胎内銘にも「南無阿弥陀仏〈仏子聖戒敬白　仏子聖阿弥陀仏敬白〉」とあり、阿弥陀仏号は付与されていない。『聖絵』に「看病のために相阿弥陀仏・弥阿弥陀仏・一阿弥陀仏ちかくあるべし。又、一遍と聖戒とが中に入居へだつる事なかれ」と記されているところからすれば、聖戒のほかに弥阿弥陀仏と号した人が、同門のなかにいたらしい。とすれば「廿一日の日中のゝちの、庭のをどり念仏の時、弥阿弥陀仏　聖戒まいりたれば」（第十二）というのは、本来弥阿弥陀仏と聖戒の二人であったのを、後人が同一人としてしま

ったために、聖戒が弥阿弥陀仏と号したとし、さらに『弥阿弥陀仏行状』に至り「諱(いみな)は聖戒、阿号は弥阿」と記録してしまったらしい。事実、原本を見ると弥阿弥陀仏と聖戒のあいだには、一字分の空きがある。

聖戒は『聖絵』を作成するにあたり、複数の時衆と絵師をともなわない、一遍聖の回国した足跡をたどり、その事実を確認しながら遊行した。善光寺に詣でたときは桜の花が咲き、信濃国をあとにし奥州におもむいたころは刈りとった水田の上を雁の列が飛んでいた。聖徳太子の廟(墳墓)では紅梅が咲き、桜は終りに近く花吹雪(はなふぶき)となり、当麻寺(たいまでら)では青葉が薫(かお)っていたというように季節感をとりいれているのは、一遍聖に同行した時衆の記憶をもとにした実見の結果であろう。

岩屋寺や河野通信の墳墓は現状とくらべてみても、その景観は大差なく、「聖戒、淡州修行の時もこの札なを侍りき。かのいはほのうへにうつしをかれけむ半偶の文もかくやとおぼえて、感涙をさへがたかりき」(第十一)と述べている文とともに、直接目にふれたことを物語っている。「この札」とは一遍聖が淡路国二宮(にのみや)の人和大国魂(やまとおおくにたま)神社に詣でたとき、社殿の正面の柱に「名にかなふこゝろはにしのうつせみの　もぬけはてたる声

ぞすゞしき」の詠歌をよみ、柱に打ちつけたのを指している。

遊行は修行であるといっても、急ぐ旅ではなかった。雪の降らないうちに祖父河野通信の墳墓をたずねたいと、信濃国の伴野を出立して江刺におもむき、浜通りを南下して武蔵国に入ったときを除けば、急いだ形跡はない。滞在時には思い出話に花をさかせたこともあったろうが、遊行前の菅生での生活や臨終時のようすは、編者聖戒の体験にもとづいている。

「たとひ後記にはとゞむとも、披露はあるべからず」(第八)、記録しておいてもよいが、人に語ってはいけないと言っていることからすれば、時衆のなかには一遍聖の行動をメモした人がいたのではあるまいか。記録されていたから、「弘長三年〈癸亥〉五月廿四日父如仏帰寂の時、本国にかへり給ぬ」(第一)、「同〈文永〉十一年〈甲戌〉二月八日、同行三人あひ具して与州をいで給ふ」(第二)、「同〈文永十一〉年六月十三日、新宮よりたより につけて消息を給事あり」(第三)、「〈弘安五年〉三月一日こぶくろざかより〈鎌倉に〉いりたまふに……弘安五年三月二日、かたせの館の御堂といふところにて、断食して別時し給」(第五、六)、「同〈弘安〉七年閏四月十六日、関寺より四条京極の釈迦堂にいり給

「同年五月廿二日に、市屋をたらて桂にうつり給ぬ」(第七)、「同(正応元年)十二月十六日に、三島に参詣し給」(第十)、「正応二年八月九日より七ヶ月、紫雲のたち侍」(第十二)というように、年月はおろか月日まで明示することができた。遊行回国のコースにしても、ある程度は同行した時衆の記憶にたよることができたとしても、全行程となれば国名・地名まで思い出すことはむずかしい。ほぼ、はっきりしているのは、記録されていたからであろう。

高僧伝の多くは、かなりの年時を経て編集されたものであり、直接教えを受けた人が書いたものは少ない。時代を経ての編集ということは、成立の段階で被伝者の神格化がなされ、表面的で良い面しか取りあげられていないことを意味している。その点『聖絵』は一遍聖の歿後十年、追慕の情にふられ聖の遊行したコースを再確認しながら、一遍聖の弟聖戒が聖に同行した時衆をともない辿ったのち筆を執ったもので、史料的価値も高い。

四 『一遍聖絵』をめぐることども

詞書(ことばがき)を起草したのは聖戒で、画図は法眼円伊(ほうげんえんい)であったと、奥書に記されているので明らかであるが、円伊については誰であるかはっきりしていない。一般的には「画風自体は全巻統一されているものの、四〜五種に分けることができ、複数の画家の合作で、それもかなりの名手を集め、統制的指導のもとに制作された」絵巻で、円伊は「工房の主宰者的立場にあった人物」と見られている(今井雅晴編『一遍辞典』)。詞書を清書したのは、当代の能筆四人の手になるというが、これまた人名を特定するまでには至っていない。

『一遍聖絵』の原本は極彩色(ごくさいしき)のすばらしい豪華本であるから、これだけの絵巻物を作成するために必要とした費用は多大であったろう。その費用を捻出することのできた背景には、各地の荘園からもたらされた富をたくわえていたであろう公家層の存在が考えられる。聖戒が公家に接近していたであろうことは、『聖絵』に登場する階層に武士や公家が多くを占めていることによって知ることができる。

『聖絵』作成の端緒は「一人のすすめ」であった。「一人」を「いちじん」と読めば天皇、「いちのひと」なら摂政・関白の地位にあった人の異称となり、「ひとり」とすれば不定代名詞で、誰か一遍聖に帰依した人ということになる。

佐々木剛三氏は、(一)公朝の記事をのせた部分の詞書が異常に長いこと、(二)入洛にともなう園城寺関係の記事を所収していること、(三)歌に素養のある僧が関係していると考えられること、を根拠に詑磨の僧正公朝にあてている《歓喜光寺蔵『聖絵』の画巻構成に関する諸問題とその製作者について》『国華』九一二）。

従来は『開山弥阿上人行状』(京都歓喜光寺蔵)に、

于時人王九十二代後伏見院御宇、九条関白忠教公、上人を帰依によって九条の殿に参り、時宗の法要・一遍聖人の行状、身命を法界につくし、衆生平等化益の修行し、諸国にて念仏勧進し給ひ、諸仏神も感応おはしましけるよし、悉く詞説し給ふに、忠教公是を深く信心し給ひて、来世の帝生結縁のために、聖の行状をあらはし置べしとて、土佐円伊に画図をうつさせ、詞書を堂上の諸官寄合書にし、外題は三品経伊卿書給ひ、画図四十八段、六八の誓願を表す

とあることから九条忠教にあて、望月信成氏も忠教説をとっているが（「一遍聖人絵伝について」日本絵巻物全集10『一遍聖絵』解説）、林屋辰三郎氏は『行状』には「元弘元辛未年二月十五日」の記年があり、元弘は元徳三年（一三三一）八月九日に改元したので、その六カ月も前に元弘の年号を用いているのは不可解であり、『行状』そのものも江戸中期以降の書写にかかるものであって原本ではなく、元弘元年に仮託してつくられたものとした（「法眼円伊について――一遍聖絵筆者の考証――」『画説』六三）。

宮次男氏は「一人」を「いちのひと」と訓み、絵巻が絹本であり、詞書の料紙にも彩色を施し、装飾を加えているところからすれば、権門をバックに成立したものであろうといい、左大臣西園寺公衡が願主として作成した『春日権現験記絵巻』を例に引いて論証し、摂政・関白の位にあった人とすれば、『行状』が後世の著作で信憑性に乏しいとしても、忠教を出しているのは信ずべき典拠があったからであろう、『行状』の準備期間に関白の位にあった人であるから、その時から準備しはじめたとすると、準備期間は十分にあったはずである、と述べて忠教説を支持している（「一遍上人絵伝」『日本の美術』五六）。絵師円伊については、『尊卑分脈』の大炊御門経宗の

家系に見える寺僧正(園城寺)円伊説と専門絵師としての円伊説の両説があるなか、前説を批判し、専門画家円伊を中心とするアトリエ、ないしは画派ともいうべきものが存在した可能性のあることを指摘している(「一遍聖絵と円伊」『美術研究』二〇五)。

岡部篤子氏は「いちのひと」には大臣級をも含めて考える余地のあること、『聖絵』に登場する貴顕の多くは土御門家周辺の人であり、土御門家は賜姓源氏の代表である村上源氏の一統であるが、『聖絵』には村上朝につらなる記事が散見すること、作者円伊について諸説あるなか、園城寺の僧円伊とみれば土御門家と園城寺との関係は密接であったし、また画風が当時の藤原氏の絵画趣向と異なっていることを理由に、第九の第三段に登場し、時の内大臣をつとめた土御門定実とみている(「歓喜光寺本『一遍聖絵』の制作後援者「一人」について」『古美術』八五)。

五　結び

『一遍聖絵』は、聖戒が時衆に導びかれながら、絵師円伊をともない、一遍聖の足跡をたどり、聖の歿後十年の正安元年(一二九九)八月作成したものだけに、写実性に富み、

史料性も高く、人間一遍を描くことに主点をおいているので、神格化も少ない。内容的には、行状や教えは画図とあいまち、よく調和し、鎌倉時代の絵詞伝としての格調も高く、画図はまた当時の生活状態をよく伝えているので、社会経済史ないし民衆史の史料としても高く評価されている。この系統にぞくするものに御影堂新善光寺本、藤田美術館本(旧京都七条道場金光寺蔵)、佐渡大願寺本がある。

一遍聖絵　聖戒編
いっぺんひじりえ　しょうかいへん

	2000年7月14日　第1刷発行
	2024年7月26日　第12刷発行

校注者　大橋俊雄
　　　　おおはしシゅんのう

発行者　坂本政謙

発行所　株式会社　岩波書店
　　　　〒101-8002　東京都千代田区一ツ橋2-5-5
　　　　案内 03-5210-4000　営業部 03-5210-4111
　　　　文庫編集部 03-5210-4051
　　　　https://www.iwanami.co.jp/

印刷・精興社　製本・牧製本

ISBN 978-4-00-333212-2　Printed in Japan

読書子に寄す
―― 岩波文庫発刊に際して ――

　真理は万人によって求められることを自ら欲し、芸術は万人によって愛されることを自ら望む。かつては民を愚昧ならしめるために学芸が最も狭き堂宇に閉鎖されたことがあった。今や知識と美とを特権階級の独占より奪い返すことはつねに進取的なる民衆の切実なる要求である。岩波文庫はこの要求に応じそれに励まされて生まれた。それは生命ある不朽の書を少数者の書斎と研究室とより解放して街頭にくまなく立たしめ民衆に伍せしめるであろう。近時大量生産予約出版の流行を見る。その広告宣伝の狂態はしばらくおくも、後代にのこすと誇称する全集がその編集に万全の用意をなしたるか、千古の典籍の翻訳企図に敬虔の態度を欠かざりしか。さらに分売を許さず読者を繋縛して数十冊を強うるがごとき、はたしてその揚言する学芸解放のゆえんなりや。吾人は天下の名士の声に和してこれを推挙するに躊躇するものである。この際断然として吾人は範をかのレクラム文庫にとり、古今東西にわたって文芸・哲学・社会科学・自然科学等種類のいかんを問わず、いやしくも万人の必読すべき真に古典的価値ある書をきわめて簡易なる形式において逐次刊行し、あらゆる人間に須要なる生活向上の資料、生活批判の原理を提供せんと欲する。この文庫は予約出版の方法を排したるがゆえに、読者は自己の欲する時に自己の欲する書物を各個に自由に選択することができる。携帯に便にして価格の低きを最主とするがゆえに、外観を顧みざるも内容に至っては厳選最も力を尽くし、従来の岩波出版物の特色をますます発揮せしめようとする。この計画たるや世間の一時の投機的なるものと異なり、永遠の事業として吾人は徴力を傾倒し、あらゆる犠牲を忍んで今後永久に継続発展せしめ、もって文庫の使命を遺憾なく果たさしめることを期する。芸術を愛し知識を求むる士の自ら進んでこの挙に参加し、希望と忠言とを寄せられることは吾人の熱望するところである。その性質上経済的には最も困難多きこの事業にあえて当たらんとする吾人の志を諒として、その達成のため世の読書子とのうるわしき共同を期待する。

昭和二年七月

　　　　　　　　岩　波　茂　雄

《日本文学(古典)》〈黄〉

古事記	倉野憲司校注
日本書紀 全五冊	井上光貞・家永三郎・坂本太郎・大野晋校注
万葉集 全五冊	佐竹昭広・山田英雄・工藤力男・大谷雅夫・山崎福之校注
原文万葉集 全三冊	山崎福之校訂
竹取物語	阪倉篤義校訂
伊勢物語	大津有一校注
玉造小町子壮衰書　小野小町物語	杤尾武校注
古今和歌集	佐伯梅友校注
土左日記	鈴木知太郎校注
源氏物語 全九冊	藤井貞和・今西祐一郎・大朝雄二・鈴木日出男校注
補訂 源氏物語作中和歌 山路の露・雲隠六帖 他二篇	今西祐一郎編注
枕草子	池田亀鑑校訂
更級日記	西下経一校注
今昔物語集 全四冊	池上洵一編
西行全歌集	久保田淳・吉野朋美校注
建礼門院右京大夫集 付 平家公達草紙	久保田淳校注

後拾遺和歌集	久保田淳・平田喜信校注
詞花和歌集	工藤重矩校注
古語拾遺	西宮一民校撰
王朝漢詩選	小島憲之校注
新訂 方丈記	市古貞次校注
新訂 新古今和歌集	佐佐木信綱校訂
新訂 徒然草	西尾実・安良岡康作校注
平家物語 全四冊	梶原正昭・山下宏明校注
神皇正統記	岩佐正校注
御伽草子 全三冊	市古貞次校注
王朝秀歌選	樋口芳麻呂校注
定家八代抄 一首王朝秀歌選 全二冊	樋口芳麻呂・後藤重郎校注
閑吟集	真鍋昌弘校注
中世なぞなぞ集	鈴木棠三編
謡曲選集 読む能の本	野上豊一郎編
東関紀行・海道記	玉井幸助校訂
おもろさうし	外間守善校注

太平記 全六冊	兵藤裕己校注
好色五人女	東明雅校註
武道伝来記	横山重・西鶴校註
古今役者物語	前田金五郎・井原西鶴校訂
西鶴文反古	片岡良一校訂
芭蕉紀行文集 付 嵯峨日記	中村俊定校注
芭蕉おくのほそ道 付 曾良旅日記・奥細道菅菰抄	萩原恭男校注
芭蕉俳句集	中村俊定校注
芭蕉連句集	中村俊定・萩原恭男校注
芭蕉書簡集	萩原恭男校注
芭蕉文集	穎原退蔵編註
芭蕉俳文集 全二冊	堀切実編註
芭蕉 付 芭蕉臨終記 他一篇 花屋日記	尾形仂校注
蕪村俳句集	尾形仂校注
蕪村七部集	伊藤松宇校訂
蕪村文集	藤田真一編注
蕪村俳句集	新井白石・松村明校注
折たく柴の記	松村明校注
近世畸人伝	森銑三校註 伴蒿蹊

雨月物語
上田秋成 著　長島弘明 校注

宇下人言 修行録
松平定信 著　松平定光 校訂

新訂 一茶俳句集
丸山一彦 校注

増補 俳諧歳時記栞草 全二冊
曲亭馬琴 編　藍亭青藍 補
堀切実 校注

北越雪譜
鈴木牧之 編撰　京山人百樹 刪定
岡田武松 校訂

東海道中膝栗毛 全二冊
十返舎一九 著　麻生磯次 校注

浮世床 全二冊
式亭三馬 著　和田万吉 校訂

梅暦
為永春水 著　古川久 校訂

百人一首一夕話 全二冊
尾崎雅嘉 著　古川久 校訂

日本民謡集
町田嘉章・浅野建二 編

醒睡笑 全二冊
安楽庵策伝 著　鈴木棠三 校注

芭蕉臨終記 花屋日記
付 芭蕉翁終焉記・前後日記・行状記
小宮豊隆 校訂

歌舞伎十八番の内 勧進帳
郡司正勝 校注

江戸怪談集 全三冊
高田衛 編・校注

柳多留名句選 全二冊
山澤英雄 選　粕谷宏紀 校注

松蔭日記
上野洋三 校注

鬼貫句選・独ごと
復本一郎 校注

井月句集
復本一郎 編

花見車・元禄百人一句
雲英末雄 校注

江戸漢詩選 全二冊
佐藤勝明 訳　揖斐高 編

2023.2 現在在庫　A-2

《日本思想》書

風姿花伝〈花伝書〉	世阿弥／野上豊一郎・西尾実校訂
五輪書	宮本武蔵／渡辺一郎校注
養生訓・和俗童子訓	貝原益軒／石川謙校訂
大和俗訓	貝原益軒／石川謙校訂
日本水土考・水土解弁・増補華夷通商考	西川如見／飯島忠夫・西川忠幸校訂
蘭学事始	杉田玄白／緒方富雄校註
島津斉彬言行録	牧野伸顕序
塵劫記	吉田光由／大矢真一校注
兵法家伝書 付新陰流兵法目録事	柳生宗矩／渡辺一郎校注
農業全書	宮崎安貞編録／土屋喬雄校訂
長崎版どちりなきりしたん	海老沢有道校註
仙境異聞・勝五郎再生記聞	平田篤胤／子安宣邦校注
茶湯一会集・閑夜茶話	井伊直弼／戸田勝久校注
西郷南洲遺訓 附手抄言志録抜粋・遺文	山田済斎編
文明論之概略	福沢諭吉／松沢弘陽校注
新訂 福翁自伝	富田正文校訂
学問のすゝめ	福沢諭吉
福沢諭吉教育論集	山住正己編
福沢諭吉家族論集	中村敏子編
福沢諭吉の手紙	慶應義塾編
新島襄 教育宗教論集	同志社編
新島襄の手紙	同志社編
新島襄自伝 手記・紀行文・日記	同志社編
植木枝盛選集	家永三郎編
日本の下層社会	横山源之助
中江兆民三酔人経綸問答	桑原武夫訳・島田虔次訳・校注
日本開化小史	田口卯吉／近藤信行校訂
憲法義解	伊藤博文／宮沢俊義校註
日本風景論	志賀重昻／近藤信行校訂
新訂 蹇蹇録 ―日清戦争外交秘録	陸奥宗光／中塚明校注
茶の本	岡倉覚三／村岡博訳
武士道	新渡戸稲造／矢内原忠雄訳
新渡戸稲造論集	鈴木範久編
キリスト信徒のなぐさめ	内村鑑三
余はいかにしてキリスト信徒となりしか	内村鑑三／鈴木範久訳
代表的日本人	内村鑑三／鈴木範久訳
後世への最大遺物・デンマルク国の話	内村鑑三
コブ記講演	内村鑑三
徳川家康	山路愛山
足利尊氏	山路愛山
豊臣秀吉 全三冊	山路愛山
妾の半生涯	福田英子
三十三年の夢	宮崎滔天／島田虔次・近藤秀樹校注
善の研究	西田幾多郎
西田幾多郎哲学論集 I ―論理と生命 他四篇	上田閑照編
西田幾多郎哲学論集 II 続思索と体験・「続思索と体験」以後	上田閑照編
西田幾多郎哲学論集 III 自覚について 他四篇	上田閑照編
西田幾多郎講演集	田中裕編
西田幾多郎歌集	上田薫編

2023.2 現在在庫 A-3

西田幾多郎書簡集	藤田正勝編
帝国主義	幸徳秋水／山泉進校注
基督抹殺論	幸徳秋水
日本の労働運動	片山潜
貧乏物語	河上肇／大内兵衛解題
河上肇評論集	杉原四郎編
中国文明論集　西欧紀行 祖国を顧みて	河上肇
史記を語る	宮崎市定
中国史　全二冊	宮崎市定
大杉栄評論集	飛鳥井雅道編
女工哀史	細井和喜蔵
奴隷　―小説・女工哀史1	細井和喜蔵
工場　―小説・女工哀史2	細井和喜蔵
初版 日本資本主義発達史　全二冊	野呂栄太郎
谷中村滅亡史	荒畑寒村
遠野物語・山の人生	柳田国男
木綿以前の事	柳田国男
海上の道	柳田国男
蝸牛考	柳田国男
都市と農村	柳田国男
十二支考　全三冊	南方熊楠
津田左右吉歴史論集	今井修編
米欧回覧実記　特命全権大使　全五冊	久米邦武／田中彰校注
日本イデオロギー論	戸坂潤
明治維新史研究	羽仁五郎
古寺巡礼	和辻哲郎
風土　―人間学的考察	和辻哲郎
和辻哲郎随筆集	坂部恵編
倫理学　全四冊	和辻哲郎
人間の学としての倫理学	和辻哲郎
日本倫理思想史　全四冊	和辻哲郎
「いき」の構造 他二篇	九鬼周造
偶然性の問題	九鬼周造
田沼時代	辻善之助
パスカルにおける人間の研究	三木清
哲学入門	三木清
吉田松陰	徳富蘇峰／橋本進吉
林達夫評論集	中川久定編
新版 きけ わだつみのこえ　―日本戦没学生の手記	日本戦没学生記念会編
第新版 きけ わだつみのこえ　―日本戦没学生の手記	日本戦没学生記念会編
君たちはどう生きるか	吉野源三郎
地震・憲兵・火事・巡査	山崎今朝弥／森長英三郎編
懐旧九十年	石黒忠悳
武家の女性	山川菊栄
覚書 幕末の水戸藩	山川菊栄
忘れられた日本人	宮本常一
家郷の訓	宮本常一
大阪と堺	三浦周行／朝尾直弘編
石橋湛山評論集	松尾尊兊編

2023.2 現在在庫 A-4

第一段

- 手仕事の日本　柳宗悦
- 工藝文化　柳宗悦
- 南無阿弥陀仏　付 心偈　柳宗悦
- 雨夜譚　渋沢栄一自伝　長幸男校注
- 中世の文学伝統　風巻景次郎
- 平塚らいてう評論集　小林登美枝編／米田佐代子編
- 最暗黒の東京　松原岩五郎
- 日本の民家　今和次郎
- 原爆の子　広島の子供らの訴え　全二冊　長田新編
- 臨済・荘子　前田利鎌
- 『青鞜』女性解放論集　堀場清子編
- 大津事件　ロシア皇太子大津遭難　尾佐竹猛／三谷太一郎校注
- 幕末遣外使節物語　夷狄の国へ　尾佐竹猛／吉良芳恵校注
- 極光のかげに　シベリア俘虜記　高杉一郎
- 古典学入門　池田亀鑑
- イスラーム文化　その根柢にあるもの　井筒俊彦
- 意識と本質　精神的東洋を求めて　井筒俊彦

第二段

- 神秘哲学　ギリシアの部　井筒俊彦
- 意味の深みへ　東洋哲学の水位　井筒俊彦
- コスモスとアンチコスモス　東洋哲学のために　井筒俊彦
- 幕末政治家　福地桜痴／佐々木潤之介校注
- フランス・ルネサンスの人々　渡辺一夫
- 維新旧幕比較論　幕末における東西対決の原理的一考察　木下真弘／高木俊輔校注
- 被差別部落一千年史　高橋貞樹／沖浦和光校注
- 花田清輝評論集　粉川哲夫編
- 新版 河童駒引考　比較民族学的研究　石田英一郎
- 英国の文学　吉田健一
- 中井正一評論集　長田弘編
- 山びこ学校　無着成恭編
- 考史遊記　桑原隲蔵
- 福沢諭吉の哲学 他六篇　丸山眞男／松沢弘陽編
- 政治の世界 他十篇　丸山眞男／松本礼二編注
- 超国家主義の論理と心理 他八篇　丸山眞男／古矢旬編
- 田中正造文集　全二冊　小松裕編／由井正臣編

第三段

- 国語学史　時枝誠記
- 定本 育児の百科　全三冊 他十二篇　松田道雄
- 早稲田大学編　哲学の三つの伝統 他十二篇　野田又夫
- 大隈重信自叙伝　早稲田大学編
- 大隈重信演説談話集　早稲田大学編
- 人生の帰趣　山崎弁栄
- 通論考古学　濱田耕作
- 転回期の政治　宮沢俊義
- 何が私をこうさせたか　獄中手記　金子文子
- 明治維新　遠山茂樹
- 禅海一瀾講話　釈宗演
- 明治政治史　岡義武
- 転換期の大正　岡義武
- 山県有朋　明治日本の象徴　岡義武
- 近代日本の政治家　岡義武
- ニーチェの顔 他十三篇　氷上英廣／三島憲一編
- 伊藤野枝集　森まゆみ編

2023.2 現在在庫　A-5

前方後円墳の時代　近藤義郎

日本の中世国家　佐藤進一

《東洋思想》[青]

易経 全二冊	高田真治・後藤基巳訳
論語	金谷治訳注
孔子家語	藤原正校訳
孟子 全二冊	小林勝人訳注
老子	蜂屋邦夫訳注
荘子 全四冊	金谷治訳注
荀子 全二冊	金谷治訳注
韓非子 全四冊	金谷治訳注
史記列伝 全五冊	小川環樹・今鷹真・福島吉彦訳
春秋左氏伝 全三冊	小倉芳彦訳
塩鉄論	曾我部静雄訳注
千字文	木田章義注解
大学・中庸	金谷治訳注
新訂 孫子	金谷治訳注
仁学 ——清末の社会変革論	譚嗣同 西順蔵・坂元ひろ子訳
章炳麟集 ——清末の民族革命思想	近藤邦康編訳

《仏教》[青]

梁啓超文集	岡本隆司・石川禎浩・高嶋航編訳
マヌの法典	田辺繁子訳
獄中からの手紙 ガーンディー	森本達雄訳
ウパデーシャ・サーハスリー ——真実の自己の探求	シャンカラ 前田専学訳
ブッダのことば ——スッタニパータ	中村元訳
ブッダの真理のことば・感興のことば	中村元訳
般若心経・金剛般若経	中村元・紀野一義訳註
法華経 全三冊	岩本裕・坂本幸男訳注
日蓮文集	兜木正亨校注
浄土三部経 全二冊	中村元・早島鏡正・紀野一義訳註
大乗起信論	宇井伯寿・高崎直道訳注
臨済録	入矢義高訳注
碧巌録 全三冊	伊藤真三生・溝口雄三訳注
無門関	西村恵信訳注
法華義疏 全三冊	聖徳太子 花山信勝校訳
往生要集 全二冊	源信 石田瑞麿訳注

教行信証	親鸞 金子大栄校訂
歎異抄	金子人栄校注
正法眼蔵 全四冊	道元 水野弥穂子校注
正法眼蔵随聞記	懐奘 和辻哲郎校訂
道元禅師清規	大久保道舟訳注
一遍上人語録 付 播州法語集	稲葉昌丸校訂
南無阿弥陀仏 付心偈	柳宗悦
蓮如上人御一代聞書	大橋俊雄校注
日本的霊性	鈴木大拙
新編 東洋的な見方	鈴木大拙 上田閑照編
大乗仏教概論	鈴木大拙 佐々木閑訳
浄土系思想論	鈴木大拙
神秘主義 キリスト教と仏教	鈴木大拙 坂東性純・清水守拙訳
禅の思想	鈴木大拙
ブッダ最後の旅 ——大パリニッバーナ経	中村元訳
仏弟子の告白 ——テーラガーター	中村元訳
尼僧の告白 ——テーリーガーター	中村元訳

《音楽・美術》[青]

ブッダ 神々との対話 ―サンユッタ・ニカーヤI―	中村 元訳
ブッダ 悪魔との対話 ―サンユッタ・ニカーヤII―	中村 元訳
禅林句集	足立大進校注
梵文和訳 華厳経入法界品 全三冊	桂田津丹梶 紹田治山雄 隆淳義訳注
ブッダが説いたこと	ワールポラ・ラーフラ 今枝由郎訳
ブータンの瘋狂聖 ドゥクパ・クンレー伝	ゲンドゥン・リンチェン編 今枝由郎訳
ゴッホの手紙 全三冊	硲 伊之助訳
ロダンの言葉抄	高村光太郎訳
ビゴー日本素描集	清水 勲編
ワーグマン日本素描集	清水 勲編
河鍋暁斎戯画集	及川茂 山口静一編
葛飾北斎伝	飯島虚心 鈴木重三校注
ヨーロッパのキリスト教美術 ―十二世紀から十八世紀まで― 全二冊	エミール・マール 柳 宗玄 荒木成子訳
レオナルド・ダ・ヴィンチの手記 全二冊	杉浦明平訳
音楽と音楽家	シューマン 吉田秀和訳
ベートーヴェンの生涯	ロマン・ロラン 片山敏彦訳
近代日本漫画百選	清水 勲編
蛇儀礼	ヴァールブルク 三島憲一訳
セザンヌ	ガスケ 與謝野文子訳
日本洋画の曙光	平福百穂
ロバート・キャパ写真集	アンドレ・ケルテス 本庄根久訳
日本漫画史 ―鳥獣戯画から岡本一平まで―	細木原青起
北斎 富嶽三十六景	日野原健司編
映画とは何か 全二冊	アンドレ・バザン 野崎歓 大原宣久 谷本道昭訳
漫画 吾輩は猫である	近藤浩一路
漫画 坊っちゃん	近藤浩一路
世紀末ウィーン文化評論集	ヘルマン・バール 西村雅樹編訳
ゴヤの手紙 全二冊	大髙保二郎 松原典子編訳
丹下健三建築論集	豊川斎赫編
丹下健三都市論集	豊川斎赫編
ギリシア芸術模倣論	ヴィンケルマン 田邊玲子訳
堀口捨己建築論集	藤岡洋保編

2023.2 現在在庫 G-2

岩波文庫の最新刊

道徳形而上学の基礎づけ
カント著／大橋容一郎訳

カント哲学の導入にして近代倫理の基本書。人間の道徳性や善悪、正義と意志、義務と自由、人格と尊厳などを考える上で必須の手引きである。新訳。〔青六二五-一〕 **定価八五八円**

人倫の形而上学 第二部 徳論の形而上学的原理
カント著／宮村悠介訳

カント最晩年の、「自由」の「体系」をめぐる大著の新訳。第二部では「道徳性」を主題とする。『人倫の形而上学』全体に関する充実した解説も付す。(全二冊)〔青六二六-五〕 **定価一二七六円**

新編 虚子自伝
高浜虚子著／岸本尚毅編

高浜虚子(一八七四-一九五九)の自伝。青壮年時代の活動、郷里、子規や漱石との交遊歴を語り掛けるように回想する。近代俳句の巨人の素顔にふれる。〔緑二八-一〕 **定価一〇〇一円**

孝経・曾子
末永高康訳注

『孝経』は孔子がその高弟曾子に「孝」を説いた書。儒家の経典の一つとして、『論語』とともに長く読み継がれた。曾子学派による師の語録『曾子』を併収。〔青二一一-一〕 **定価九三五円**

……今月の重版再開……

千載和歌集
久保田淳校注

〔黄一三三-一〕 **定価一三五三円**

国家と宗教 ―ヨーロッパ精神史の研究―
南原繁著

〔青一六七-二〕 **定価一三五三円**

定価は消費税10％込です　　2024.4

岩波文庫の最新刊

過去と思索 (一)
ゲルツェン著／金子幸彦・長縄光男訳

人間の自由と尊厳の旗を掲げてロシアから西欧へと駆け抜けたゲルツェン(一八一二—一八七〇)。亡命者の壮烈な人生の幕が今開く。自伝文学の最高峰。(全七冊)
[青N六一〇-一] 定価一五〇七円

過去と思索 (二)
ゲルツェン著／金子幸彦・長縄光男訳

逮捕されたゲルツェンは、五年にわたる流刑生活を余儀なくされた。「シベリアは新しい国だ。独特なアメリカだ」。二十代の青年は何を経験したのか。(全七冊)
[青N六一〇-二] 定価一五〇七円

正岡子規スケッチ帖
復本一郎編

子規の絵は味わいある描きぶりの奥に気魄が宿る。最晩年に描かれた画帖『菓物帖』『草花帖』『玩具帖』をフルカラーで収録する。子規の画論を併載。
[緑一三-四] 定価九二四円

ウンラート教授
あるいは一暴君の末路
ハインリヒ・マン作／今井敦訳

酒場の歌姫の虜となり転落してゆく「ウンラート(汚物)教授」を通して、帝国社会を諧謔的に描き出す。マレーネ・ディートリヒ出演の映画『嘆きの天使』原作。
[赤四七四-一] 定価一二二一円

頼山陽詩選
揖斐高訳注

……今月の重版再開……
[黄二三一-五] 定価一一五五円

野 草
魯迅作／竹内好訳
[赤二五-一] 定価五五〇円

定価は消費税10％込です　2024.5